EPONA

LA DÉESSE GAULOISE DES CHEVAUX

PAR

Salomon REINACH

CONSERVATEUR ADJOINT DES MUSÉES NATIONAUX

Avec 75 gravures dans le texte

Extrait de la **REVUE ARCHÉOLOGIQUE** (1895)

PARIS

ERNEST LEROUX. ÉDITEUR

28, RUE BONAPARTE, 28

1895

EPONA

LA DÉESSE GAULOISE DES CHEVAUX

ANGERS, IMP. BURDIN ET Cie, RUE GARNIER, 4.

EPONA

LA DÉESSE GAULOISE DES CHEVAUX

PAR

Salomon REINACH

CONSERVATEUR ADJOINT DES MUSÉES NATIONAUX

Avec 75 gravures dans le texte

Extrait de la REVUE ARCHÉOLOGIQUE (1895).

PARIS

ERNEST LEROUX, ÉDITEUR

28, RUE BONAPARTE, 28

1895

EPONA

EPONA

Dans la *Revue archéologique* de 1894, j'ai publié une jolie statuette en terre cuite de la collection de M. le Dr Pozzi, représentant Ariane ou une Ménade assise à gauche sur une mule au
repos[1]. A cette occasion, M. F. de Mély a bien voulu me communiquer le croquis d'une figurine en bronze que je reproduis,
d'après son dessin, au cours du présent article (n° 1). Découverte
à Janville (Eure-et-Loir), elle n'a fait que passer sous les yeux de
M. de Mély, qui ne sait où elle se trouve aujourd'hui. Le motif
— une femme assise à droite sur un cheval au trot — est suffi-
samment connu par la série des monuments gallo-romains, bas-
reliefs ou figurines, où l'on incline, depuis une cinquantaine
d'années, à reconnaître des images d'Epona, bien que cette désignation ait été contestée de nos jours par plusieurs antiquaires
allemands. Occupé depuis longtemps à réunir des matériaux sur
cette question, en vue d'une *Description raisonnée du Musée de
Saint-Germain-en-Laye,* il m'a semblé que l'occasion était bonne
pour donner un petit *Corpus* des représentations d'Epona, dont
beaucoup sont encore inédites et dont les exemplaires publiés
sont dispersés dans un grand nombre de recueils. Un catalogue
descriptif ne pouvant suffire, je me suis décidé à dessiner au trait
toutes celles de ces images dont je pouvais me procurer un
moulage, une photographie ou une gravure[2]. Les croquis que
l'on trouve plus loin n'ont aucune prétention artistique : ils doivent
servir uniquement à préciser le motif et à permettre de reconnaître les objets. Au cours de la préparation de ce travail, j'ai
dû m'adresser, pour obtenir des renseignements, à nombre d'a-

1. *Revue archéol.,* 1894, I, pl. X, p. 289.
2. Les dessins que je n'ai pas exécutés moi-même sont signalés en leur lieu.

mateurs et de conservateurs de collections, tant de France que
d'Angleterre, d'Allemagne et de Hongrie ; je suis heureux de
dire que pas une de mes lettres n'est restée sans réponse et que
j'ai souvent reçu de bonnes photographies là où je ne demandais
qu'un dessin. Je tiens à remercier tous les antiquaires qui m'ont
ainsi témoigné leur obligeance ; on trouvera leurs noms dans les
notices dont ils m'ont facilité si aimablement la rédaction.

Les documents que j'ai réunis sont classés sous trois chefs :

1° *Écuyères gallo-romaines ;*

2° *Divinités féminines associées à des chevaux, mais non
montées ;*

3° *Inscriptions et textes mentionnant la déesse Epona.*

Dans chaque section, les objets sont classés par pays, en
suivant, pour la France, l'ordre alphabétique des départements.

Comme conclusion de ce catalogue raisonné et illustré, j'es-
saierai d'établir que la déesse équestre est bien Epona, contrai-
rement à l'opinion de MM. Becker, Lindenschmit et Peter ; la
démonstration de ce fait me paraît maintenant pouvoir être
faite avec rigueur.

Les articles *Epona* dans le *Lexikon der Mythologie* de M. Roscher (1886) et dans le *Dictionnaire des Antiquités* de M. Saglio
(1891) ne contiennent pas d'essais de catalogue. Ce que l'on a
tenté jusqu'à présent dans cette voie est peu de chose, comme
en témoignent les indications suivantes. En 1842, Düntzer ne
connaissait pas encore d'image d'Epona équestre[1]. En 1843,
Chassot de Florencourt en signale deux[2]. Becker, en 1858, en
énumère huit[3]. En 1870, Lindenschmit déclare en avoir réuni
quatorze, dont treize dans la vallée du Rhin[4]. M. Weckerling,
en 1885, porte le nombre de ces figures à vingt[5] ; enfin, M. Hett-

1. *Jahrb. der Alterthumsfr. im Rheinlande*, 1842, t. i, p. 89.
2. *Ibid.*, 1843, t. III, p. 40.
3. *Ibid.*, 1858, t. XXVI, p. 91.
4. Lindenschmit, *Alterthümer*, t. II, i, 6.
5. Weckerling, *Die römische Abtheilung des Paulus-Museums*, Worms, 1885,
p. 45.

ner, en 1893, comptait environ trente exemplaires du même type, mais n'en donnait pas d'énumération[1]. Le catalogue qui va suivre en contient *soixante*, c'est-à-dire deux fois plus que n'en connaissait M. Hettner. Il est certain qu'on pourrait encore accroître cette liste par l'étude des musées de l'est de la France et de la vallée du Rhin. Nous souhaitons que notre travail ait pour résultat de stimuler les recherches dans cette direction, et nous recevrons avec reconnaissance les renseignements qu'on voudra bien nous transmettre tant sur des pièces inédites que sur celles dont la publication nous a échappé.

I. TYPE ÉQUESTRE

A. FRANCE

Ain. — 1. Bronze. Haut. 0ᵐ,123. Figurine découverte à *La Madelaine* près Bagé-la-ville, arrondissement de Bourg, acquise en 1849 par le Cabinet des Médailles. La déesse, plutôt couchée qu'assise sur sa monture, tient une patère de la main droite. Mon dessin est un calque de la gravure qui doit paraître dans le *Catalogue des bronzes de la Bibliothèque nationale* (n° 691); l'épreuve m'a été obligeamment communiquée par M. Babelon.

N° 1. — La Madelaine (Ain). Bronze.

Allier. — 2. Terre cuite blanche. Figurine découverte à *Néris* et publiée par Tudot, *Collection de figurines en argile*, fig. XXIV, p. 21. La déesse, tenant une patère et une corne d'abondance, est assise à gauche, ce qui a déjà frappé Tudot. « C'est le seul exemple, dit-il, que nous voyons de cette déesse assise sur le côté gauche du cheval; celles qui ont été rencontrées à Largillière, à Laforêt et à Vichy sont toutes assises sur le côté droit... Nous insistons sur ce fait qui semble révéler un usage particu-

---

1. Hettner, *Die römischen Steindenkmäler des Provinzialmuseums zu Trier*, p. 62.

lier à la Gaule, celui de se servir plus habituellement de la main
gauche que de la droite, coutume qui s'accorderait (!!) avec la

tendance à écrire dans un
sens opposé au nôtre. »
Nous reviendrons plus
bas sur cette question, et
ne citons ici l'opinion de
Tudot qu'à titre de curio-
sité.

N° 2.
Néris (Allier). Terre cuite.

N° 3.
Saint-Pourçain (Allier).
Terre cuite.

3. Terre cuite blanche.
Figurine découverte à
Saint-Pourçain, arrondis-
sement de Gannat. Au
Musée de Saint-Germain, n° 28029 (collection Esmonnot).

3 *bis*. La même localité a donné une
figurine en terre cuite blanche, représentant une femme assise à droite sur
un bœuf (au Musée de Saint-Germain,
n° 28033). Elle rentre évidemment dans
la série qui nous occupe et ne saurait
être considérée comme une Europe ou
une Ménade[1].

N° 3 *bis*.
Saint-Pourçain (Allier). Terre cuite.

4. Terre cuite blanche. Figurine dé-
couverte au champ Lary à *Toulon-sur-Allier*, aujourd'hui au
Musée de Moulins. Elle a été publiée deux fois : Tudot, *Collection de figurines*, pl. XXXV; *Catalogue du Musée départemental
de Moulins*, 1885, n° 649, pl. XVII.

5. Terre cuite blanche. Figurine de Toulon-sur-Allier, au
Musée de Saint-Germain (n° 27962).

Côte-d'Or. — 6. Pierre. Haut. 0^m,41. Statuette découverte en

---

1. J'ai noté, au Musée de Vienne (Autriche), une figurine de plomb de provenance inconnue (n° 1249), qui représente une femme assise à gauche sur un
taureau trottant vers la gauche. Comme le style en est indigène, elle m'a fait
songer à la figurine de Saint-Pourçain; mais je n'indique ce rapprochement
qu'avec réserve.

1811 à *Dijon*, dans les substructions du *castrum Divionense*, au cours des fouilles entreprises pour la construction du théâtre.

Elle appartenait au D' Marchant et se trouve aujourd'hui au Musée de la Commission des antiquités de la Côte-d'Or; j'en dois une photographie à l'obligeance de M. d'Arbaumont. Le dos d'Epona est appuyé contre un fond en forme de disque; elle tient de la main droite levée un objet indistinct. La housse sur laquelle elle est assise descend presque jusqu'à terre. — Signalée dans le *Catalogue du Musée d'antiquités de la Côte-d'Or*, 1894, p. 356, n° 1877 (voir aussi l'*erratum* de cet ouvrage).

N° 4.
Toulon-sur-Allier (Allier). Terre cuite.

7. Pierre. Bas-relief du Musée de Beaune, découvert à *Meursault*. L'image a été reproduite par Bigarne, *Étude sur l'origine, la religion et les monuments des Kalètes-Édues*, Beaune, 1872, pl. IV, 3, p. 116 : « Encastrée dans le mur d'une maison de Meursault, elle a été trouvée dans les vignes, entre le village et Puligny... Cette statue à

N° 5.
Toulon-sur-Allier (Allier).
Terre cuite.

N° 6.
Dijon (Côte-d'Or). Pierre.

cheval est une sorte de Panthée qui reproduit les caractères des trois personnes de la Trinité gauloise. Je la considère comme la représentation de Belisama... La femme assise est l'Isis céleste, dont la tête est entourée du disque du soleil ou de la lune... Le chien sculpté sur le devant rappelle le troisième personnage de la Trinité gauloise; nous avons vu que cet animal est l'attribut de Nehanellia, la déesse des eaux de l'île de Walcheren[1]. » Le nimbe est un détail que nous retrouverons dans un autre monument (n° 28).

8. Pierre. Haut. 0ᵐ,28. Statuette (le revers n'est pas modelé) découverte à *Villeaux* et donnée par M. Beaune, en 1863, au Musée de Saint-Germain (n° 1476). La déesse pose les pieds sur le dos d'un poulain qui lève la tête vers un vase plein de fruits qu'elle tient de la main droite. La tête de la monture d'Epona a complètement disparu par suite d'une cassure.

N° 7.
Meursault (Côte-d'Or).
Pierre.

9. Pierre. Bloc haut de 0ᵐ,26 sur 0ᵐ,24 de large et de 0ᵐ,09 d'épaisseur, pesant 6 kilogrammes. Découvert à l'ouest de *Villeaux*, au champ dit *des Mises*, en même temps qu'un chapiteau ciselé de cuivre rouge, creux à l'intérieur et haut de 0ᵐ,075 (pommeau de canne?). Cette sculpture appartenait en 1894 à M. Durandeau, qui l'a publiée dans le *Réveil bourguignon*, journal bi-mensuel (25 avril 1894) sous le nom de « Déesse Vitellia. » — « Elle est assise, dit-il, sur le dos d'une vache sacrée, posant ses pieds sur un petit veau qui tourne la tête du côté des pis maternels. » Mais la croupe de l'animal sur lequel la divinité est assise n'est pas celle d'une vache ; malgré l'extrême maladresse de l'exécution, il faut reconnaître ici une jument avec son poulain.

N° 8. — Villeaux (Côte-d'Or). Pierre.

9 *bis*. M. Changarnier me signale obligeamment un bas-relief du Musée de *Beaune*, qui représente un poulain tétant sa mère ; il a pu faire partie d'un groupe analogue au précédent.

Eure. — 10. Terre cuite blanche. Mare de *L'Argillière*, commune

---

1. Cette citation a pour but de donner une idée de l'ouvrage étrange auquel nous l'empruntons.

de Baux, près du Vieil-Évreux[1] (Tudot, *Collection de figurines*, pl. XXXIV, C, D, E).

Eure-et-Loir. — 11. Bronze. Haut. 0ᵐ,075. Statuette découverte près de *Janville*, arrondissement de Chartres, restée entre les mains d'un paysan, mais dessinée par M. F. de Mély, qui m'a communiqué son croquis. La déesse tient une patère et des fruits (?).

Finistère. — 12. Terre cuite blanche. Statuette découverte à la station de la Tourelle sur le mont *Frugy*, Ergue Arnal, à 3 ki-

N° 9. — Villeaux (Côte-d'Or). Pierre.

lomètres de Quimper, appartenant à M. Paul du Châtellier (manoir de Kernuz). La déesse, dont la tête est entourée d'une chevelure formant des bandeaux épais, tient de la main droite un vase à verser. — Gravée dans le *Bulletin de la Société des Antiquaires*, 1892, p. 83 (H. de Ville-fosse) et dans le *Supplément à l'Album Caranda* de M. Moreau, 1892, I, fig. 3[2]. Pour les autres terres cuites découvertes au même endroit, voir Blanchet, *Étude sur les figurines*, p. 81.

N° 10.
Marc de L'Argillière (Eure).
Terre cuite.

Gironde. — 13. Pierre. Bas-relief découvert entre 1840 et 1844, pendant la construction du Palais de Justice de *Bordeaux*. La gravure donnée dans le *Bulletin monumental* (1856, p. 573) est plus complète que la photographie, due à M. Amtmann, qu'a bien voulu me communiquer M. Jullian; je juxtapose ces deux images, sans me dissimuler que la première est probable-

---

1. *Marc de l'Argillière* dans le *Dictionnaire topographique* de l'Eure, par le marquis de Blosseville; *Largillière* dans Tudot; *Lardillère* dans le *Catalogue du Musée des Antiquaires de Normandie*, p. 233.
2. Mon dessin est pris sur une photographie.

ment très *interpolée*. Le relief est mentionné par M. Jullian, *Inscriptions de Bordeaux*, t. I, p. 84 ; t. II, p. 321.

Isère. — 14. Bronze. Haut. 0ᵐ,095. Statuette découverte à *Vienne* en 1867, passée au Cabinet des Médailles avec la collection Oppermann (nᵒ 693). L'obligeance de M. Babelou m'a permis de prendre un calque de la gravure qui doit paraître dans le catalogue illustré. Epona porte des fleurs et des fruits sur ses genoux ;

Nᵒ 11. — Janville (Eure-et-Loir), Bronze.

sa monture, sauf qu'elle n'a pas de cornes, ressemble plus à un bélier qu'à un cheval.

Jura. — 15. Bronze. Haut. 0ᵐ,357. Groupe découvert à *Loisia*, au hameau de la Sarrazine, canton de Saint-Amour, le 1ᵉʳ juillet 1860[1], et donné au Cabinet des Médailles par P. Dupré le 5 juillet de la même année (nᵒ 689). Le socle a 0ᵐ,24 sur 0ᵐ,12 et 0ᵐ,063 de hauteur ; il supporte une petite

Nᵒ 12. — Prugy (Finistère). Terre cuite.

base, percée d'une ouverture, où l'on a reconnu un *tronc* destiné à recevoir les offrandes[2]. C'est, au point de vue de l'art,

1. *Revue archéol.*, 1860, II, p. 281.
2. Cf. H. de Longpérier, *Revue archéol.*, 1869, I, p. 104.

le plus beau monument connu où figure Epona. Il a été gravé dans l'*Histoire des Romains* de Duruy, t. III, p. 111; dans le *Dictionnaire* de M. Saglio, fig. 2707; dans le *Supplément à l'Album Caranda* de M. Moreau, 1892, I, fig. 13; dans le *Catalogue des bronzes de la Bibliothèque nationale* (n° 689). Cf. Robert, *Épigraphie de la Moselle*, t. I, p. 14. La déesse tenait une patère de la main droite.

N° 13.
a. b.
Bordeaux (Gironde). Pierre (a, d'après le *Bulletin monumental*, 1856; b, d'après une photographie, 1894).

16. Bronze. Haut. 0ᵐ,056. Statuette découverte en 1891 par l'abbé Guichard à *Pupillin*, canton d'Arbois, acquise par le Musée de Saint-Germain. Mentionnée dans le *Bulletin de la Société des Antiquaires*, 1891, p. 89 (Chatel) et publiée dans mes *Bronzes figurés*, n° 181.

N° 14.
Vienne (Isère). Bronze.

Marne. — 17. Bronze. Haut. 0ᵐ,146. Statuette découverte en 1878 à *Reims*, dans les fondations d'une maison, avec d'autres bronzes représentant Vénus tenant une pomme, Priape (?), un Amour, Esculape et des monnaies du IIᵉ siècle après J.-C. Il s'agit sans doute d'un laraire mis en sûreté au moment des invasions. Les yeux d'Epona sont en argent; de la main droite, elle tient des fruits, de la gauche un fil de métal, où MM. Babelon et Blanchet (dans le catalogue sous presse) reconnaissent des débris de rênes, tandis que le premier éditeur,

N° 15. — Loisia (Jura). Bronze.

M. Guillaume, y voyait un serpent enroulé et ajoutait : « Ce serpent n'est pas douteux, on en distingue très bien les mâchoires ouvertes et la queue effilée. » La statuette est posée sur un socle mouluré que notre dessin ne reproduit pas. — Guillaume, *Mémoires de la Société des Antiquaires*, t. XXXIX, 1878, p. 105 et 112, pl. IV ; *Catalogue des bronzes de la Bibliothèque nationale*, n° 690.

N° 16.
Pupillin (Jura). Bronze.

Meurthe[*]. — 18. Pierre. Bas-relief découvert à *Scarpone*, près de Dieulouard, connu seulement par de mauvais dessins.

En 1575, le géographe anversois Ortelius, passant à Scarpone, y vit un bas-relief de marbre (?) encastré dans le mur d'une maison ; il le dessina et le fit graver[1]. « Plus tard, dit Beaulieu[2], ce morceau de sculpture ayant été extrait du mur pour être transporté à Luxembourg, on découvrit à la face postérieure un autre bas-relief représentant un paysan vêtu du sagum gaulois et coiffé du chapeau pointu, *cucullus*, en usage chez les Romains de la classe inférieure. Il tient un fouet de la main droite, et dirige de la main gauche le manche d'une charrue attelée de deux bœufs. Ces deux bas-reliefs ont été dessinés par le P. Wiltheim,

N° 17. — Reims (Marne). Bronze.

jésuite[3], et sont figurés dans la Notice de D. Calmet[4]. » Dom Calmet voyait dans l'Epona de Scarpone une paysanne portant des légumes au marché ; Ortelius rapporte qu'à Scarpone on di-

---

1. Ortelius et Vivianus, *Itinerarium per nonnullas Galliae belgicae partes*, p. 44.
2. Beaulieu, *Archéologie de la Lorraine*, Paris, 1843, t. II, p. 122.
3. L'ouvrage de Wiltheim était manuscrit au temps de Beaulieu ; il a été publié depuis (Wiltheim, *Luciliburgensia*, pl. XXXI, n° 112).
4. T. II, p. 449, et t. I, pl. III, fig. 18 et 19.

sait que c'était une reine du nom de *Scarpinia* ; Wiltheim suppose
que c'est Pomone, Cérès ou Ops. Beaulieu y voit « l'équinoxe du
printemps et le symbole de la reproduction générale des êtres » ;
il ajoute que « le paysan conduisant sa charrue figurerait l'équinoxe d'automne, époque à laquelle on prépare les terres pour
l'ensemencement[1]. » L'année même où s'imprimaient ces lignes,
Chassot de Florencourt reconnaissait Epona dans la figure qui
nous occupe[2] ; mais il ignorait qu'elle provint de Scarpono et
croyait, comme Freudenberg et Becker l'ont fait après lui[3], qu'elle
avait été découverte près de Luxem-
bourg. Le même bas-relief a été reproduit par Prat, *Histoire d'Arlon*,
Atlas, pl. XVI, d'après le dessin de
Wiltheim, et avec la désignation
d' « *Ops*, la Grande Nourricière »
(t. I, p. 58).

Cet ouvrage fort rare donne des
renseignements précis sur le sort de
la collection Wiltheim qui n'est plus
guère aujourd'hui qu'un souvenir[4].
Alexandre Wiltheim, jésuite, mort

N° 15. — Scarpono (Meurthe). Pierre.

vers 1694, avait commencé vers 1630 l'ouvrage intitulé *Luciliburgensia seu Luxemburgum romanum*, qui a été publié en 1852
à Luxembourg par le Dr Neyen. Wiltheim fut témoin, en 1671,
de la destruction des vieilles murailles d'Arlon (*castrum Orolau-
ni*), où se trouvaient quantité de débris antiques. Antérieure-
ment à cette époque, les antiquités d'Arlon avaient été deux fois
mises au pillage : en 1065, par l'abbé de Saint-Hubert, Thierry Ier,
qui vint y prendre des matériaux pour construire l'église de son
abbaye ; entre 1557 et 1604, par Pierre Ernest, comte de Mansfeld, gouverneur du duché de Luxembourg et du comté de

1. Beaulieu, *op. laud.*, t. II, p. 125.
2. *Jahrb. der Alterthumsfr. im Rheinlande*, t. III (1843), p. 50.
3. *Ibid.*, t. XVIII, p. 104 ; t. XXVI, p. 92.
4. Prat, *Arlon*, t. I, p. ix, 36, 43, 44.

Chiny, qui fit transporter tous les objets romains qu'il put décou-
vrir à Luxembourg, pour décorer son palais et les jardins de
Clausen. D'après une tradition, Philippe II, en 1609, fit enlever
les tableaux, bustes, statues, etc., du palais et du jardin de
Mansfeld, que le prince lui avait légués, et les envoya à Madrid ;
on ajoute qu'en 1649 il fit vendre les jardins de Clausen et ce qui
s'y trouvait encore. D'autre part, les frères jésuites Guillaume
et Alexandre Wiltheim avaient formé une belle collection d'antiquités dans le jardin de leur collège à Luxembourg. Après la
mort d'Alexandre, elle fut dispersée ; une partie des pierres
servit, dit-on, à la construction d'un nouveau collège des

N° 19. — Senon (Meuse). Pierre.

Jésuites ; d'autres, avec les monnaies, furent acquises par le conseiller de Ballonfaux. A son tour, le
cabinet Ballonfaux passa, en 1727,
aux mains du baron de Meysem-
bourg, président du Conseil provin-
cial, puis à MM. le baron de Marchand
et d'Ausembourg. Suivant un témoignage isolé, quelques pierres de la
collection Ballonfaux furent achetées
par le comte de Villers et transpor-
tées au Musée de Metz. Quoi qu'il en
soit, le nombre des monuments dessinés dans le *Luciliburgensia*
et dont on peut indiquer le possesseur actuel, est extrêmement
restreint ; la plupart, y compris notre n° 18, doivent être consi-
dérés comme perdus.

Meuse. — 19. Pierre. Bas-relief découvert en 1850 à *Senon*,
arrondissement de Montmédy, dans les ruines de bains romains,
et transporté au Musée de Verdun. Il est décrit comme il suit
par M. F. Liénard : « Un bas-relief en pierre, haut de 0^m,45, représentant, dans une niche cintrée, une femme vêtue à l'antique
et assise de côté sur un cheval fortement membré, d'un fort bon
dessin et marchant à droite ; la femme qui le monte semble lui
saisir la crinière de la main gauche ; elle tient de la main droite

un objet devenu informe et qu'on ne peut déterminer » (*Archéologie de la Meuse*, t. III, p. 62 et pl. VIII, 2).

Moselle[*]. — 20. Pierre. Haut. 0^m,39. Basrelief découvert à *Cutry*, canton de Longwy, qui était en 1853 dans la collection Lambertye à Metz. V. Simon (1851) et G. Boulangé (1853) ont pris ce bas-relief et les suivants pour des représentations de paysans allant au marché ou de postillons; ils n'ont pas reconnu que le personnage figuré devait être féminin. — V. Simon, *Mémoires de l'Acad. de Metz*, 1851, p. 138; G. Boulangé, *L'Austrasie, Revue de Metz*, t. XII (1853), p. 619, pl. IV, 6; J. Kamp, *Jahrbuch der Alterthumsfr. im Rheinlande*, t. XLVI, p. 172; Robert, *Épigr. de la Moselle*, t. I, p. 15 (indications superficielles et inexactes).

Cutry (Moselle). Pierre.

21. Pierre. Haut. 0^m,30. Bas-relief découvert à *Fontoy*, arrondissement de Briey. Simon, en 1851, le signale à Metz dans le cabinet de M. Pagnat et ajoute : « Il est d'une très belle conservation, il nous semble représenter très positivement un postillon; il a sur la tête une sorte de turban; il est vêtu d'un sagum ou tunique flottante ornée de dessins; sa face est vue de trois quarts. Il a un fouet ainsi qu'il était prescrit aux postillons d'en porter. Si la simple exhibition de ce fouet suffisait pour que celui qui le tenait à la main obtînt, dans le relai de poste, ce qu'il demandait pour son service, aujourd'hui la même exhibition de ce fouet semble nous commander de ne pas hésiter dans l'attribution que nous devons donner au personnage qui le porte » (*Mémoires de l'Académie de Metz*, 1851, p. 139, pl. I, 3).

N° 21.

Fontoy (Moselle). Pierre.

N° 22.

Hierapla (Moselle). Pierre.

En l'absence de tout autre document que la mauvaise gravure
donnée par Simon, je ne puis affirmer qu'il ait fait erreur au
sujet de l'attribut ; mais il est plus que probable que ce bas-relief
appartient à la série qui nous occupe et ne représente pas un postillon.

Mols (Moselle). Pierre.

22. Pierre (grès rouge). Haut. 0ᵐ,24. Bas-
relief de style tout à fait barbare, trouvé au
Biéraple près de Forbach, qui avait été donné
à V. Simon par Altmayer de Saint-Avold. Il est
difficile de se prononcer sur le motif (V. Simon,
Mémoires de l'Académie de Metz, 1851, p. 139,
pl. I, 4).

23. Pierre. Haut. 0ᵐ,32. Bas-relief découvert à la citadelle de
Metz, le 10 août 1867 ; Musée de Metz. Ch. Robert y a reconnu
un ex-voto à Epona, et a proposé de restituer comme il suit l'inscription gravée dans le fronton : [*Eponae*], *Dexter[ius] Decmi-*
u[us votum solvit]. En l'absence
de tout autre bas-relief avec figure
équestre qui porte le nom d'Epona, cette restitution est téméraire ;
mais Becker a eu tort de la com-
battre en alléguant que les figures
équestres n'avaient rien de con-
mun avec Epona. Il faut ajouter
que la dissertation de Robert sur
Epona est assez superficielle et
qu'il n'a pas même fait effort pour
se renseigner sur les monuments
de cette série qui ont été décou-
verts en Lorraine. — Robert,

N° 24. — Murville (Moselle). Pierre.

Épigraphie de la Moselle, p. 14, pl. I, 4 ; Becker, *Jahrb. der*
Alterthumsfr. im Rheinlande, t. LVI, p. 204 ; Ihm, *ibid.*,
t. LXXXIII, p. 55 (dans le même sens que Robert).

24. Pierre. Haut. 0ₘ,38. Bas-relief très fruste découvert à
Murville, arrondissement de Briey, « parmi des débris de cons-

truction où l'on remarqua notamment un pavé qui paraît avoir été celui d'une écurie » (V. Simon, *Mémoires de l'Académie de Metz*, 1851, p. 140, pl. I, n° 2).

Puy-de-Dôme. — 25. Terre cuite blanche. Long. 0^m,10. Statuette découverte à Clermont-Ferrand et entrée au Musée de Saint-Germain (n° 1664). Epona tient dans

ses mains une rosace et des fruits (ou un petit animal?).

N° 25.
Clermont-Ferrand (Puy-de-Dôme). Terre cuite.

Saône-et-Loire. — 26. Pierre. Bas-relief d'*Aluze*, canton de Chagny. Il en existe un moulage au Musée de Saint-Germain (n° 2810). — Bulliot et Thiollier, *Mission de saint Martin*, fig. 74; *Supplément de l'Album Carandu*, 1892, I, fig. 7.

27. Terre cuite blanche. Haut. 0^m,089. Figurine très indistincte, trouvée à *Cluny* en 1867, achetée à Charvet en 1869 par le Musée de Saint-Germain (n° 9811).

N° 26. — Aluze (Saône-et-Loire). Pierre.

28. Pierre. Haut. 1^m,10. Bas-relief découvert à *Fontaine-les-Chalon* et transporté au Musée de Chalon (n° 82). La tête de la déesse est entourée d'un nimbe, qui date probablement du moyen âge, alors que les images de ce genre étaient prises pour celles de saint Martin ou de la Vierge. Albert Dumont a signalé, au Musée d'Athènes, des *cavaliers thraces* avec nimbe; or, on sait que cette dernière figure a été confondue avec celle de saint George[1]. — *Autun archéologique*, 1848, p. 230 (Déméter, Po-

N° 27.
Cluny (Saône-et-Loire). Terre cuite.

1. Dumont, *Mélanges*, p. 201.

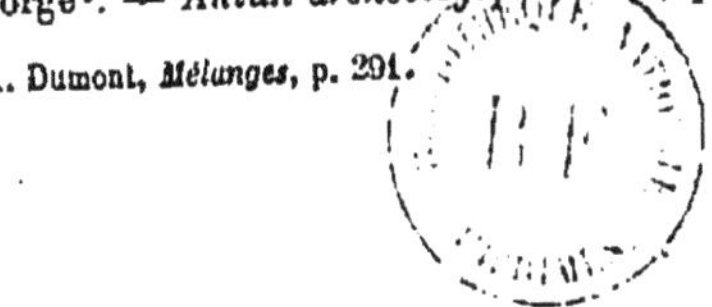

2

seidon, Hippios et le poulain Arion!); Bulliot et Thiollier, *Mission
de saint Martin*, fig. 73; *Supplément de l'Album Caranda*, 1892,
I, fig. 11.

Nº 28. — Fontaine-les-Chalon
(Saône-et-Loire). Pierre.

Nº 29.
Mellecey (Saône-et-Loire). Pierre.

29. Pierre. Haut. 1ᵐ,10. Bas-relief découvert en 1864 à *Mellecey*, arrondissement de Chalon, dans les fondations d'une maison qui aurait anciennement servi de chapelle. Il a d'abord ap-
partenu à Boisserand de Chassey, qui l'a donné au Musée de
Chalon (nº 81). On reconnaît une femme assise à droite sur une
jument au trot que suit son poulain. Mon
dessin est le calque d'un croquis très
sommaire que m'a envoyé le conservateur
du Musée de Chalon. — *Bulletin de la Société des Antiquaires*, 1865, t. IX, p. 148;
Bulliot et Thiollier, *Mission de saint Martin*,
p. 147.

Nº 30.
Rully (Saône-et-Loire). Pierre.

30. Pierre. Bas-relief encastré dans un
mur de la chapelle d'Agueux, commune
de *Rully*; il y en a des moulages aux mu-
sées d'Autun et de Chalon. La déesse tient une patère et une
corne d'abondance. — Bulliot et Thiollier, *Mission de Saint-Mar-
tin*, p. 146, fig. 74; *Supplément de l'Album Caranda*, 1892, I, fig. 5.

Saône (Haute-). — 31. Pierre. Haut. 0ᵐ,53. Bas-relief découvert à *Luxeuil*, arrondissement de Lure. — Desjardins, *Bulletin monumental*, 1879, p. 651 (très mauvais dessin).

Vienne (Haute-). — 32. On lit dans le *Bulletin de la Société des Antiquaires*, 1864, p. 100 : « M. Creuly rend compte d'une découverte intéressante qu'il a faite récemment au village de *Jabreilles*. Il s'agit d'un petit monument regardé par les habitants comme représentant saint Martin, et qui, à ce titre, jouit d'une grande vénération dans le pays. M. Creuly y a reconnu l'image de la déesse Epona, tenant une corne

N° 31. — Luxeuil (Haute-Saône). Pierre.

N° 33. Grand (Vosges). Pierre.

d'abondance et de l'autre s'appuyant sur un cheval. Des génies ailés et les trois déesses mères décorent les autres faces de ce monument, qui doit être donné au Musée de Limoges. » Ce monument n'est pas entré au Musée de Limoges; il est même tout à fait inconnu dans cette ville.

Vosges. — 33. Pierre. Haut. 0ᵐ,35. Bas-relief découvert à *Grand*, arrondissement de Neufchâteau, et transporté au Musée d'Épinal. Epona tient une corne d'abondance appuyée sur son épaule. « Dans le catalogue de 1852, ce petit bas-relief était décrit comme représentant Cérès voyageant et portant l'abondance par toute la terre, mais sur les observations de M. Chabouillet, il est rendu à la déesse Epona » (Laurent, *Catalogue du Musée d'Épinal*, 1868, p. 56, n° 17) [1]. Notre croquis est un calque du dessin

N° 34. — Chavillot (Vosges). Pierre.

publié dans le *Supplément de l'Album Caranda*, 1892, I, fig. 10.

34. Pierre. Haut. 0ᵐ,50. Bas-relief provenant de la forêt doma-

---

1. Voir aussi le *Catalogue* donné par M. Voulot, *Série lapidaire*, n° 65.

niale de *Chavillot*, commune de Frémifontaine, arrondissement de Saint-Dié; actuellement au Musée d'Épinal (Laurent, n° 18; Voulot, n° 66). Notre croquis est un calque du dessin publié dans le *Supplément de l'Album Caranda*, 1892, I, fig. 4.

N° 35.
Tonnerre (Yonne). Bronze.

34 *bis*. — Fragment de même provenance, conservé au même musée. « La déesse, dont il ne reste que la partie inférieure, ne paraît pas assise sur le cheval, mais debout et appuyée contre lui » (Laurent, n° 19; cf. Voulot, n° 67). Je n'ai pas de dessin de ce monument.

Yonne. — 35. Bronze. Haut. 0^m,122. Cheval découvert à Tonnerre et acquis par le Musée de Saint-Germain en 1889. Le trou pratiqué sur le dos atteste qu'il servait de monture à une Epona. — *Bulletin de la Société des Antiquaires*, 1889, p. 89; S. Reinach, *Bronzes figurés*, n° 298.

N° 35. — Provenance gauloise inconnue. Bronze.

Provenance gauloise indéterminée. — 36. Bronze. Figurine conservée au Cabinet des Médailles (n° 692); mon croquis est fait sur la gravure du *Catalogue illustré* sous presse, qu'a bien voulu me communiquer M. Babelon.

B. LUXEMBOURG

Luxembourg. — 37. Pierre. Haut. 0^m,36. Bas-relief découvert à *Alt-Trier*, d'abord entre les mains de Dorow, puis acquis en 1820 de cet antiquaire par le Musée de Bonn. La déesse, très maigre, tient les jambes écartées; sur ses genoux sont deux animaux, un corbeau et un chien(?). Dorow y voyait une Isis, Creuzer une Artémis λευκόπωλος ou λεύκιππος; c'est Freudenberg qui l'a qualifiée le premier d'Epona. — Becker, *Jahrb. der Alterthumsfr. im Rheinlande*, t. XXVI, p. 94; Dorow, *Opferstätten*, frontispice de la livraison II-III, p. 50, 51; Engling, *Publications de la Société du*

Luxembourg, t. VIII (1882), pl. XI. 1, p. 14; Freudenberg, *Jahrbücher*, t. XVIII, p. 104; Hettner, *Catal. des Bonner Mus.*, n° 215;

N° 37.
Alt-Trier (Luxembourg). Pierre.

N° 38. — Conteren (Luxem-
bourg). Pierre.

Ihm, *Jahrbücher*, t. LXXXIII, p. 55, fig. 14; Lindenschmit,
Alterthümer, t. II, 1, 6, 1; Overbeck, *Catal. des Bonner Mus.*,
p. 20, n° 25; Wagner, *Nachrichten von
Alterthümern*, II, pl. III, 26, p. 78.

38. Pierre. Bas-relief découvert à *Conteren*, connu seulement par le dessin de
Wiltheim (pl. XCIX, n° 483)[1]. Il est probable que le dessin est retourné et que la
figure était assise à droite; on peut cependant douter qu'il s'agisse d'une Epona. —
Cf. Becker, *Jahrb. der Alterthumsfr. im
Rheinl.*, t. XXVI, p. 93; Lindenschmit,
Alterthümer, t. II, 1, 6, texte.

39. Pierre. Bas-relief découvert à *Echternach* (Andethanna), connu seulement
par le dessin de Wiltheim (pl. LIV, n° 207,

N° 39. — Echternach (Luxembourg). Pierre.

p. 224). Il est probable que le dessin est retourné et que la

---

1. *In vico nummi romani reperti sunt et in cavea hoc equitis simulacrum*
(Wiltheim, *Lucilib.*, p. 327).

figure était assise à droite (cf. le n° précédent). Wiltheim dit que l'on prenait le personnage équestre pour saint Martin. — Cf. Chassot de Florencourt, *Jahrb. der Alterthumsfr. im Rheinl.*, t. III, p. 50; Freudenberg, *ibid.*, t. XVIII, p. 104; Becker, *ibid.*, t. XXVI, p. 73.

C. ALLEMAGNE

Bade. — 40. Pierre. Long. 0^m,25. Bas-relief découvert à *Büschig* près de Bretten; au Musée de Carlsruhe. Epona tient une pomme(?); ses pieds s'appuient sur une planchette. — *Jahrb. der Alterthumsfr. im Rheinlande*, t. LXXV, p. 237 (gravure); *Führer im Mus. von Carlsruhe*, p. 54. Moulage à Saint-Germain, n° 26255.

N° 40.
Büschig (Bade). Pierre.

N° 41.
Kœnigsbach (Bade).
Pierre.

41. Pierre. Haut. 0^m,50. Bas-relief encastré dans la tour de l'église de *Kœnigsbach* (Amt Durlach), à l'ouest de Carlsruhe. Epona tient une pomme dans la main gauche; ses pieds portent sur une planchette ornée. — Mone, *Zeitschrift für Gesch. des Oberrheins*, t. XIV, p. 50; Näher, *Jahrb. der Alterthumsfr. im Rheinlande*, t. LXXVII, p. 223 (gravure).

42. Pierre. Haut. 0^m,285. Bas-relief découvert en 1884 à *Stettfeld* près de Bruchsal; au Musée de Carls-

N° 42. — Stettfeld (Bade). Pierre.

ruhe. Epona tient de la main droite une patère ou un panier de fruits; ses pieds reposent sur une planchette. Je dois le dessin de cette figure inédite à l'obligeance de M. le conseiller Wagner, conservateur du Musée de Carlsruhe. —*Korrespondenzblatt der westd. Zeitschrift*, 1884, p. 49.

Palatinat rhénan. — 43. Pierre. Long. 0^m,11. Bas-relief décou-

vert à *Rheinzabern* près Germersheim; au Musée de Carlsruhe.
— Lindenschmit, *Alterthümer*, t. III, **x**, 3, 6; *Korrespondenzblatt,
der westd. Zeitschr.*, 1884, p. 49; *Führer*,
p. 54. Moulage à Saint-Germain, n° 26256.

44. Une autre Epona de Rheinzabern,
en terre cuite, a été publiée par Schweig-
haeuser, *Antiq. de Rheinzabern*, pl. XII;
cf. *Jahrb. der Alterthumsfr. im Rheinl.*,
t. XXVI, p. 99. L'animal, dont les jambes
ne sont même pas indiquées, ressemble
plutôt à un taureau ou à un bélier qu'à un

N° 43.
Rheinzabern (Palatinat). Pierre.

cheval. On ne sait où a passé cet objet, que M. Wagner ne connaît pas.

45. Terre cuite du Musée de *Spire*.
Haut., 0m,11. — Lindenschmit, *Alterthümer*, t. III, **x**, 3, 2. Moulage à
Saint-Germain, n° 23531. Je dois aussi
une photographie de cet objet à l'o-
bligeance de M. Harster.

46. Pierre. Bas-relief du Musée de
Spire, trouvé à *Waldfischbach* au sud
de Kaiserslautern, à l'endroit appelé
Heidelsburg, avec des inscriptions et

N° 45.
Spire (Palatinat). Terre cuite.

des bas-reliefs romains. Il décore un côté d'un piédestal dont
deux autres faces sont sculptées; sur l'une, on voit un renfonce-
ment présentant l'aspect d'une coquille; sur l'autre, quatre

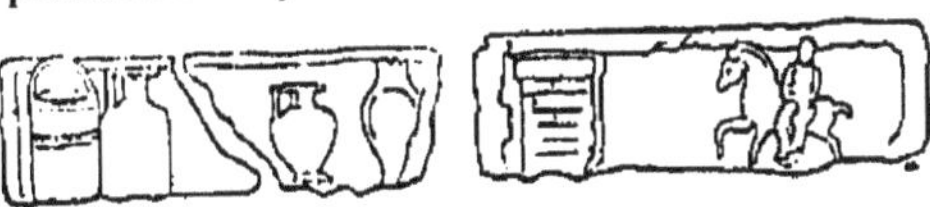

N° 46. — Waldfischbach (Palatinat). Pierre.

grands vases, dont l'un en forme de seau. La femme à cheval
(assise à gauche) s'avance vers un édifice en forme de tour.
M. Mehlis observe avec raison que cette représentation est
unique; il propose d'y voir soit une femme héroïsée qui se dirige

vers la Heidelsburg, soit plutôt Epona chevauchant vers son
propre sanctuaire. — *Jahrb. der Alterthumsfr. im Rheinlande,*
t. LXXVI, p. 240 (Näher); t. LXXVII, p. 77
(Mehlis).

Hesse rhénane. — 47. Pierre. Haut. 0^m,29.
Bas-relief découvert près de *Worms*; au Musée
de Worms. Epona tient des fruits dans la main
droite. — Lindenschmit, *Alterthümer,* t. II, I,
6, 2; *Supplément de l'Album Caranda,* 1892, 1,
fig. 12. Moulage à Saint-Germain, n° 23550.

N° 47.
Worms (Hesse rhénane).
Pierre.

48, 49. Terre cuite. Haut. 0^m,08 et 0^m,10.
Deux figurines en terre rouge, avec des traces d'une couverte
blanche, découvertes en 1880 près de *Worms*; au Musée de

N° 48.
Worms (Hesse rhénane). Terre
cuite.

N° 49. — Worms (Hesse rhénane). Terre cuite.

Worms. J'en dois des photographies à l'obligeance de M. Weckerling, conservateur du musée, qui a publié des croquis de ces
figures dans son ouvrage: *Die römische Abtheilung des Paulus
Museums der Stadt Worms,* 1885, p. 45, pl. 1, fig. 4 et 5. Il
semble que chacune des Epona tient un petit animal. Remarquer l'analogie des n°s 45 et 48.

49 *bis.* M. Weckerling, dans l'ouvrage que nous venons de
citer (p. 45), mentionne une terre cuite représentant Epona, découverte également à Worms, qui se trouverait au Musée de
Mayence.

50. Terre cuite. Haut., 0^m,14. Statuette au Musée de *Darmstadt.*

— Lindenschmit, *Alterthümer*, t. III, x, 3, 1. Moulage à Saint-Germain, n° 23551.

N° 50. — Darmstadt (Hesse rhénane). Terre cuite.

N° 51. — Mayence (Hesse rhénane). Pierre.

51. Pierre. Haut., 0^m,16. Bas-relief découvert à la citadelle de *Mayence*; au Musée de Mayence. — Lindenschmit, *Alterthümer*, t. III, x, 3, 4. Moulage à Saint-Germain, n° 26254.

52. Pierre. Haut. 0^m,22. Bas-relief découvert à *Castel* près de Mayence; au Musée de Bonn. C'est un des plus remarquables de la série. Epona tient une pomme (?); ses pieds reposent sur une planchette. Dorow voulait y reconnaître Julia Mammaea *mit dem Reichsapfel* (?). — Becker, *Jahrb. der Alterthumsfr. im Rheinl.*, t. XXVI, p. 97; Dorow, *Opferstätten*, III, pl. XIV, p. 28; Hettner, *Catal. des Bonner Mus.*, p. 79, n° 216; Ihm, *Jahrbücher*, t. LXXXIII, p. 55, fig. 15; Lindenschmit, *Alterthümer*, t. II, 1, 6, 3; Moreau. *Supplément de l'Album Caranda*, 1892, 1, fig. 8; Overbeck, *Catal. des Bonner Mus.*, p. 32, n° 59; Wagner, *Nachrichten von Alterth.*, t. I, p. 169. Moulage à Saint-Germain, n° 26253.

N° 52.
Castel (Hesse rhénane). Pierre.

53. Terre cuite. Haut., 0^m,15. Figurine découverte à *Castel* près de Mayence: au Musée de Mayence. Un objet circulaire

(patère ou fleur) est figuré entre les mains de la déesse; on a cru y reconnaître une rose, offerte à Epona comme ex-voto d'après un passage bien connu d'Apulée[1]. La housse qui tient lieu de selle descend jusqu'au sol. — Lindenschmit, *Alterthümer*, t. III, x, 3, 3; Blanchet, *Mémoires de la Soc. des Antiquaires*, 1890, pl. II, 17. Moulage à Saint-Germain, n° 24059.

N° 53. — Castel (Hesse rhénane). Terre cuite.

Prusse rhénane et Nassau. — 54. Pierre. Haut. 0ᵐ,43. Bas-relief très mutilé découvert en 1889 à *Trèves* en construisant la caserne sur la rive gauche de la Moselle; au Musée de Trèves. — Hettner, *Steindenkmäler*, n° 104.

N° 54. — Trèves (Prusse rhénane). Pierre.

55. Terre cuite fragmentée, au Musée de Wiesbaden, découverte en 1849 dans la villa romaine de *Marienfels* (Amt Nastätten). Sur les genoux de la déesse est un petit animal sans tête; au revers, une housse quadrangulaire. Signalée *Jahrb. der Alterthumsfr. im Rheinl.*, t. XXVI, p. 96.

56. Pierre. Haut., 0ᵐ,21. Bas-relief découvert à *Heddernheim* (camp romain); au Musée de Wiesbaden. La déesse tient une patère. — Lindenschmit, *Alterthümer*, t. III, x, 3, 5; *Jahrb. der Alterthumsfr. im Rheinl.*, t. XXVI, p. 98. Moulage à Saint-Germain, n° 23553.

N° 56. Heddernheim (Nassau). Pierre.

57. J'ai noté en 1886, au Musée de Hombourg, la moitié inférieure d'une statuette en terre cuite d'Epona trouvée près de la source de *Hombourg*.

58. Terre cuite. Haut., 0ᵐ,15. Figurine découverte à *Boppard*, au nord de San-Goar; au Musée de Bonn. La déesse paraît tenir sur ses

1. *Mémoires de la Société des Antiquaires*, 1890, p. 185.

genoux deux petits animaux. Je dois une photographie de cet objet à l'obligeance de M. le professeur Loeschcke.

D. AUTRICHE-HONGRIE.

Tyrol. — 59. Pierre. Haut., environ 0ᵐ,75. Bas-relief encastré au-dessus d'une porte à *Bregenz* sur le lac de Constance. La

déesse, entourée de chevaux, tient dans chaque main une patère. Ce monument, comme nous le verrons plus loin, permet d'identifier définitivement à Epona la déesse équestre qui nous occupe. Il est encore intéressant à d'autres égards.

Bregenz, menacée en 1407 par une coalition de montagnards suisses, fut sauvée, en janvier 1408, par le comte Rodolphe de Montfort qui les écrasa. Cette victoire fut attribuée à une femme qui serait venue de nuit apprendre au comte où se trouvait le

Nº 58. — Buppart (Prusse rhénane). Terre cuite.

camp des Suisses. Bientôt une légende se forma : on dit que la femme en question s'appelait *Gutha* (c'est-à-dire Judith), puis

Nº 59. — Bregenz (Tyrol). Pierre.

Ehrguta (« *Ehret die Guta* »), enfin *Hergotha*. Les veilleurs de nuit à Bregenz ont conservé, pendant des siècles, l'habitude de

crier : *Ehret die Guta* ou *Ehreguta*. L'historien Jean de Müller
croyait savoir qu'il existait à Bregenz une image de Horgotha,
objet d'un culte populaire. Une tradition voulait qu'elle fût venue
à cheval, malgré la glace et la neige, au camp de Rodolphe de
Montfort. Le monument auquel cette tradition est attachée se
trouve dans la ville haute de Bregenz, au-dessus d'une des anciennes portes de la ville, à 25 pieds du sol. Il n'a pu être des-
siné qu'en 1851, par un peintre établi en haut d'une échelle.
Bergmann, en 1852, y a reconnu Epona nourricière des chevaux
(*wahrhaft mütterlich um ihre fünf Pferde besorgt*). — Bergmann,
Sitzungsberichte der Wien. Akad., 1852, pl. I, 2, p. 4 et suiv.;
Becker, *Jahrb. der Alterthumsfr. im Rheinl.*, t. XXI, p. 182;
Peter, *ap.* Roscher, *Lexikon der Mythol.*, p. 1292.

E. Italie.

Pompéi. — 60. Peinture à fresque sur le mur d'une étable. Une
femme, assise à gauche sur une mule marchant à gauche, tient
de la main gauche un enfant. A droite et à gauche de la niche,
on voit un dieu lare tenant une patère et une corne d'abondance; au-dessous sont un esclave con-
duisant deux mulets et un grand serpent près d'un autel. La femme est
blonde, vêtue de blanc; l'enfant est en-
veloppé d'une étoffe verte. Jordan a
reconnu dans la figure principale la
déesse Epona, ce qui a été contesté
par Peter, sous prétexte que rien n'au-
torisait à admettre l'existence d'une
Epona κουροτρόφος; mais le fait que cette
image s'est rencontrée dans une écurie

N° 60.
Pompéi (Italie). Peinture.

et qu'elle surmonte une peinture représentant un conducteur de
mulets milite en faveur de l'opinion de Jordan. Il est cependant
incontestable que le motif primitif a été transformé, dans la
ville alexandrine de Pompéi, sous l'influence du type d'Isis
tenant dans ses bras l'enfant Horus. Nous trouvons, d'ailleurs,

chez les Alexandrins, quelque traces de l'association d'Isis avec
l'Âne. Dans le roman d'Apulée, Isis apparaît en songe à Lucius,
transformé en âne, et lui indique comment il pourra reprendre
sa forme première. M. Lafaye a déjà reconnu que le rôle joué
par Isis dans la fable de l'Âne devait être une addition alexandrine, parce qu'il n'en est pas question dans la version plus
ancienne que nous a conservée Lucien [1]. Un passage de Minucius
Felix (xxviii) mentionne Isis à côté d'Epona : *Asinos in stabulis
cum vestra vel sua Epona consecratis, et eosdem asinos cum Iside
religiose devotatis* [2]. Nous pensons donc que le nom d'Epona
ne peut être attribué avec certitude à la figure de Pompéi et que
celui d'Isis pourrait lui être substitué. — Jordan, *Annali dell'
Instit.*, 1872, tav. d'agg. D; *Bull. dell' Instit.*, 1871, p. 180;
Fiorelli, *Scavi di Pompei*, p. 108, n° 40; Sogliano, *Le pitture
murali campane*, dans *Pompei e la regione sotterata*, p. 93; Peter,
art. *Epona* dans le *Lexikon* de Roscher, p. 1293; Saglio, *Dictionnaire*, fig. 570.

Les soixante monuments que nous venons de décrire suggèrent
diverses observations.

I. En ce qui concerne, d'abord, leur *distribution géographique*,
nous croyons devoir la rendre
sensible par la carte ci-jointe,
où les monuments en pierre,
peu transportables, sont indiqués par des *points*, tandis
que les autres, bronzes ou
terres cuites, le sont par des
croix. On remarquera que
les figures d'écuyères font
complètement défaut dans
la Narbonnaise, qu'elles sont

Distribution des figures d'écuyères.

extrêmement rares en Aquitaine et en Armorique, mais qu'elles

1. Lafaye, *Culte des divinités d'Alexandrie*, p. 77.
2. Je reviendrai ailleurs sur les difficultés que présente ce texte.

sont, au contraire, fort nombreuses dans trois régions bien déterminées, celles d'Autun, de Metz-Trèves et de Worms-Mayence, c'est-à-dire dans la partie orientale de la Gaule, celle où stationnaient les légions.

II. En ce qui concerne *la matière*, les monuments énumérés plus haut se répartissent comme il suit : 34 EN PIERRE (Côte-d'Or, n⁰ˢ 6, 7, 8, 9; Gironde, 13, Meurthe, 18; Meuse, 19; Moselle, 20, 21, 22, 23, 24 ; Saône-et-Loire, 26, 28, 29, 30 ; Haute-Saône, 31 ; Haute-Vienne, 32 ; Vosges, 33, 34 ; Luxembourg, 37, 38, 39 ;· Bade, 40, 41, 42 ; Palatinat, 43, 46 ; Hesse, 47, 51, 52 ; Prusse rhénane et Nassau, 54, 56 ; Autriche-Hongrie, 59) ; 17 EN TERRE CUITE (Allier, 2, 3, 4, 5 ; Eure, 10 ; Finistère, 12 ; Puy-de-Dôme, 25 ; Saône-et-Loire, 27 ; Palatinat, 44, 45 ; Hesse, 48, 49, 50, 53 ; Prusse rhénane, 55, 57, 58) ; 8 EN BRONZE (Ain, 1 ; Eure-et-Loir, 11 ; Isère, 14 ; Jura, 15, 16 ; Marne, 17 ; Yonne, 35 ; provenance indéterminée, 36). Un seul monument est une peinture (Pompéi, 60). Le fait que la grande majorité des monuments est en pierre atteste le caractère populaire du culte d'Epona ; une seule de ses images, celle de Loisia (15), témoigne d'un art quelque peu raffiné et présente aussi des détails (comme le diadème et la nudité du torse) qui ne se rencontrent pas dans les autres.

III. En général, on ignore la nature de l'édifice antique où les monuments qui nous occupent ont été recueillis ; cependant, il y a deux cas où l'on peut affirmer qu'ils étaient placés dans une écurie (24, 60).

IV. En ce qui concerne leurs *dimensions*, on remarquera qu'elles sont toujours modestes ; les bronzes sont des statuettes de laraires, les bas-reliefs sont quelquefois des ex-voto (n⁰ 23, le seul exemple à peu près certain), le plus souvent des images tutélaires, qui devaient être placées sur les portes ou sur les parois intérieures des écuries. Très souvent, dans les bas-reliefs, l'écuyère se détache sur une niche (n⁰ˢ 7, 8, 19, 20, 21, 22, 23, 24, 26, 28, 29, 30, 31, 34, 37, 39, 41, 47, 54, 60).

V. Arneth a déjà fait observer, en 1859, que les bas-reliefs représentant des divinités à cheval sont anépigraphes[1]. La seule exception que nous ayons rencontrée est le bas-relief de Metz (n° 23). Ce fait peut être rapproché de celui qui a été constaté pour les images, toujours anépigraphes, du dieu gaulois au maillet; pour l'instant, je ne vois pas qu'on puisse l'expliquer.

VI. En ce qui concerne l'*attitude* de la déesse, nous la trouvons cinquante et une fois assise à droite sur un cheval marchant à droite et cinq fois seulement assise à gauche sur un cheval marchant à gauche. Encore ces cinq cas (2, 38, 39, 46, 60) doivent-ils probablement se réduire à trois, les n°° 38 et 39 n'étant connus que par des dessins de Wiltheim.

Dans aucun cas, la déesse n'est assise à gauche sur un cheval marchant à droite.

Il paraît certain que les femmes, dans l'antiquité, étaient généralement assises à droite de leur monture. Cependant les témoignages ne sont pas assez précis pour qu'on puisse considérer cette habitude comme une règle générale. De textes, je n'en connais qu'un seul, celui où Achille Tatius décrit une peinture représentant Europe assise *à droite* sur un taureau (ἡ παρθένος μέσοις ἐπεκάθητο τοῖς νώτοις τοῦ βοὸς, οὐ περιβάδην, ἀλλὰ κατὰ πλευράν, ἐπὶ δεξιὰ συμβᾶσα τὼ πόδε)[2]. Parmi les monuments, il faut faire abstraction des bas-reliefs et peintures où une femme est assise à droite sur un animal marchant à droite, ou à gauche sur un animal marchant à gauche; ces derniers sont beaucoup moins nombreux que les premiers[3], mais on ne peut en tirer aucune conclusion précise, la *représentation intégrale* de l'écuyère ayant dû nécessairement préoccuper les artistes. Les seuls documents dont le témoignage soit explicite sont ceux qui montrent des femmes assises en sens contraire du mouvement de leur monture. Or, ces monuments sont extrêmement rares. Le plus célèbre est une figure du grand autel de Pergame, où l'on voit une

---

1. *Wo eine Inschrift ist, befindet sich keine Abbildung, und wo eine Abbildung ist, keine Inschrift* (Arneth, *Sitzungsb. der Wien. Akad.*, 1859, p. 587).

2 *Erotici scriptores* de Didot, I, 1, p. 28.

3. J'en ai indiqué plusieurs dans mes *Bronzes figurés*, p. 51, note 1.

déesse, probablement Séléné, assise à droite sur un mulet qui galope vers la gauche [1]. Cette figure fait pendant à une autre, Éos assise à gauche sur un cheval galopant vers la gauche [2]. Une peinture de Pompéi représente un cavalier (et non une écuyère) assis à gauche sur un mulet marchant vers la droite [3]. Sur une mosaïque de Préneste, on voit Europe assise à droite sur le taureau allant vers la gauche [4]. Dans les bas-reliefs et les peintures de manuscrits de l'époque chrétienne, où la *Fuite en Égypte* est si fréquemment représentée, je constate toujours que la Vierge est assise dans le sens de la direction de la monture, direction qui, dans la majorité des cas, est de gauche à droite [5]. Au xv⁰ siècle, je trouve quelques exemples de femmes assises à gauche sur des chevaux allant à droite, par exemple dans un manuscrit français de la *Théséide* de Boccace (vers 1450), dont une miniature représente une chasse au faucon, avec trois femmes assises à gauche sur des chevaux marchant à droite [6]. Une gravure du *Maître de 1480* (partie de chasse) montre une femme assise à gauche sur un cheval allant à droite [7] ; la même particularité se retrouve sur une gravure célèbre d'Albert Dürer [8]. Ce ne sont là que des indications recueillies un peu au hasard et qui auraient besoin d'être complétées par une étude spéciale du sujet. Ajoutons qu'au moyen âge et à la Renaissance, comme aujourd'hui encore dans les milieux rustiques, les femmes montaient volontiers à califourchon [9].

---

1. Baumeister, *Denkmäler*, fig. 1423.
2. *Ibid.*, fig. 1421.
3. Saglio, *Dictionnaire*, fig. 1887.
4. D'Agincourt, *Histoire de l'art*, pl. XIII, 8.
5. Pour des monuments du xᵉ-xııᵉ siècle, voir Rohault de Fleury, *La Sainte Vierge*, t. I, pl. XV, XLII, XLIII. Un même manuscrit grec du xıᵉ siècle (pl. XV) figure la Vierge à droite sur un mulet à droite (retour d'Égypte) et la Vierge à gauche sur un mulet à gauche (fuite en Égypte). Voir aussi d'Agincourt, *Histoire de l'art*, pl. XCV, où, dans une même composition, se rencontrent les deux attitudes, suivant la direction de la monture (église de Sant'-Urbano alla Caffarella près de Rome).
6. *Jahrb. der österreich. Sammlungen*, 1803, pl. XXXI. En 1408, il est question d'un docteur en théologie chevauchant « tout d'un côté, comme chevauchent les nobles femmes » (Gay, *Gloss. archéol.*, s. v. *Equitation*).
7. Henne am Rhyn, *Kulturgeschichte des deutschen Volkes*, t. I, p. 376.
8. *Ibid.*, p. 380.
9. *Ibid.*, p. 340 (gravure de Schöngauer); Lübke, *Gesch. der Plastik*, t. II,

VII. Dans quatre exemples (Bade, n°° 40, 41, 42 ; Hesse, 52),
la déesse a les pieds posés sur une planchette ; dans cinq autres,
dont le second et le troisième sont douteux, il paraît n'y avoir
sur le cheval qu'une très longue housse (Côte-d'Or, n° 6 ; Palatinat, 43 ; Hesse, 49, 53 ; Prusse rhénane, 55). Dans trois exemples
(Côte-d'Or, 8, 9 ; Saône-et-Loire, 26), la déesse repose ses pieds
sur un poulain.

L'usage de la planchette ou marchepied se constate dès le
v° siècle avant J.-C., dans la plus ancienne image que nous pos-
sédions d'une écuyère, la prétendue *Hélène* de la frise de Trysa[1].
Elle persista au moyen âge, comme le montre, par exemple, une
sculpture d'un chapiteau de Saint-Benoit-sur-Loire (xi°-xii° siècle)[2]. En comparant cette figure à notre
n° 60, on pourrait se demander, bien que
les étapes intermédiaires fassent encore défaut, si le type populaire d'*Epona* (*Isis*) *kouro-*
trophe n'a pas exercé quelque influence sur
celui de la Vierge dans des scènes comme
celles de la *Fuite en Égypte*, où elle paraît
généralement sur une mule, portant l'Enfant divin dans ses bras. On a déjà fait obser-

Bas-relief de Saint-Benoit-
sur-Loire (xii° siècle).

ver que certaines représentations de la Vierge se rattachent à des
divinités kourotrophes du paganisme, entre autres aux déesses-
mères si fréquentes dans l'art gallo-romain.

La planchette ne disparut que vers la fin du moyen âge, en
même temps que s'introduisait la selle de côté. J'emprunte les
lignes suivantes à l'*Intermédiaire des chercheurs et des curieux*
(1885, p. 207) ; l'auteur de l'article, Alphonse R., n'a pas indiqué de références : « On prétend que les dames commencèrent

fig. 310 (ivoire du xiv° siècle). On voit aussi souvent des femmes chevauchant
en croupe derrière un homme ; il existait à cet effet des selles spéciales (Guy,
op. laud.).

1. Benndorf, *Das Heroon von Gjölbaschi*, pl. XIII ; *Dictionnaire* de Saglio,
fig. 2716. Cf. le bât de chameau figuré sur le vase de Midas, *Archaeol. Zeit.*,
1844, pl. XXIV (Saglio, *Dictionnaire*, fig. 1040).

2. *Bulletin monumental*, 1868, p. 614.

à avoir des selles de côté en 1380 et que cet usage fut introduit en Angleterre, en 1388, par la reine Anne de Bohême, femme de Richard II. Avant le xvi° siècle, les femmes montaient à cheval les deux jambes à droite et la main gauche vers la tête du cheval, ce qui leur permettait de prendre la gauche très commodément. Or, Brantôme rapporte que, de 1533 à 1540, Catherine de Médicis était fort bien à cheval, « ayant été la première d'avoir « mis la jambe sur l'arçon, d'autant que la grâce y était bien plus « belle et apparaissante que sur la planchette [1]. » Ne serait-ce pas lors de la suppression de cette planchette que les femmes auraient pris l'habitude de monter à cheval les deux jambes à gauche, pour avoir la main droite ver la tête du cheval? »

Nous avons déjà vu que, dès le xv° siècle, on rencontre plusieurs exemples de femmes assises à gauche; d'autre part, en 1620, dans le *Voyage de Marie de Médicis*, Rubens montre encore la princesse assise à droite, alors que cette attitude n'était imposée par aucune considération artistique [2]. Il semble donc que les changements introduits par Catherine de Médicis n'aient pas eu toute la portée qu'on leur attribue.

A l'époque de la Renaissance, on fit aussi des planchettes en métal. Brantôme rapporte que M. de Salvoyson, au pillage du château de Verceil, eut pour sa part « une planchette d'or qui était à l'asquenée de la duchesse quand elle chevauchait dessus »[3].

VIII. Les *attributs* de la déesse sont une patère (n°° 1, 12, 15, 16, 19, 26, 34, 42, 56), deux patères (59), une patère et une corne d'abondance (2, 4, 28, 30), une patère et des fruits (11), une corne d'abondance seule (5, 7, 32, 33), un vase avec fruits (8), une corbeille avec fruits (18, 20), des fruits (14, 17, 25, 39, 47), un seul fruit circulaire ou une fleur (40, 52, 53), une couronne (17 ?). Le fouet du n° 21 est très douteux. Dans un seul monument (60), la

---

1. Brantôme, éd. Lalanne, t. VII, p. 345. Dans un compte de l'écurie de la reine, l'argentier mentionne en 1561 la fourniture d'un *étrier à barbacane*, c'est-à-dire couvert et destiné à maintenir le pied gauche (Gay, *Gloss. archéol.*, s. v. *Équitation*).

2. *Musée du Louvre*, n° 2097 (Lafenestre, p. 180).

3. Brantôme, éd. Lalanne, t. IV, p. 105.

déesse porte un enfant ; plus souvent, elle tient sur ses genoux un ou plusieurs petits animaux (37, 48, 49, 55, 58).

IX. La plupart des monuments sont en trop mauvais état ou trop sommairement modelés pour qu'on puisse distinguer les détails du costume. Dans un seul cas (15), la déesse a le torse nu ; dans un autre (37), elle paraît avoir une jambe nue. Partout ailleurs, elle est sévèrement drapée.

X. L'*allure* du cheval est le plus souvent le trot ou l'amble (n°[s] 1, 6, 7, 11, 13, 16, 19, 21, 24, 27, 29, 31, 33, 37, 38, 41, 42 47, 52, 53, 54, 59) ; plus rarement l'animal est au repos (2, 3, 4, 5, 9, 10, 12, 14, 26, 40, 43, 45, 50, 51, 56, 58) ; plus rarement encore au pas (18, 20, 22, 23, 30). Deux fois seulement il est lancé au galop (17, 34).

XI. Outre les animaux qu'elle porte sur ses genoux, dans cinq exemplaires, la déesse est parfois accompagnée d'un poulain, tantôt suivant la jument qui lui sert de monture (n°[s] 8, 9, 15, 26, 28), tantôt faisant mine de la téter (18, 30). Dans un cas seulement, Epona est accompagnée d'un chien (7). Le bas-relief de Bregenz (59) est l'unique exemple d'une Epona à cheval entourée d'autres chevaux ; mais ce monument établit un lien étroit entre la série des divinités équestres et celle qui va maintenant nous occuper.

II. DIVINITÉS ASSOCIÉES A DES CHEVAUX

A. ANGLETERRE

Wiltshire. — 61. Bronze. Haut. 0[m],07. Dans le *Catalogue des antiquités composant la collection de MM. de Feyervary et Pulsky* (Paris, 1868), on lit la mention suivante (p. 12, n° 183) : « Épone, déesse gauloise des chevaux, des écuries et des courses, assise entre deux chevaux ; trouvée en Angleterre. Sujet très rare et très curieux. » Au Musée Britannique, où cette figure est conservée aujourd'hui, elle passe pour avoir été découverte dans le Wiltshire. — Signalée par Robert, *Épigraphie de la Moselle*, t. I, p. 17 et à l'article *Epona* du *Lexikon* de Roscher. Je la pu-

blic d'après deux excellents dessins qu'a fait exécuter pour moi
M. Cecil Torr. La déesse, tenant une corne d'abondance, est

N° 61.
Wiltshire (Angleterre). Bronze.

N° 61. — Wiltshire (Angleterre). Bronze.

assise sur un trône entre deux poulains (?). Nous avons déjà vu
plusieurs fois des représentations de ces animaux qui ne s'écar-
tent pas moins de la vérité.

B. FRANCE

Allier. — 62. Pierre. Haut. 0^m,29. Groupe découvert à *Néris,*

N° 62. — Néris (Allier). Pierre.

acheté en 1889 par le Musée de Saint-Germain (n° 31635). Une
femme, vêtue d'une longue robe, marche à côté d'un cheval aux

formes puissantes, qui pose sa jambe antérieure gauche sur un
enfant nu assis à terre. Le sujet est encore inexpliqué; mais il
est vraisemblable qu'il se rapporte à Epona.

Meuse. — 63. Pierre. Haut. 0ᵐ,60. Autel quadrilatère, découvert à *Naix* (Nasium), qui était dans la collection Dufresne à Metz.
Sur la face antérieure est gravée une dédicace qui se restitue
comme il suit: *Deae Eponae et genio Leuc(orum) Tib(erius) Justi-
nus Titianus [b(ene)f(icarius) leg(ati) leg(io-
nis) XXII pr(imigeniae)] Antonin(ianae), ex
vo(to)*. Sur la face latérale figure la déesse
Epona, debout entre deux poulains; sur celle
de droite on voit un homme étendant la
main droite sur un autel (suivant Ch. Robert, le *Genius Leucorum*). Le monument de
Naix est jusqu'à présent le seul où une représentation d'Epona soit accompagnée du
nom de cette divinité. — Beaulieu, *Archéologie de la Lorraine*, t. I, p. 160; Liénard,
Archéologie de la Meuse, t. I, pl. IX, 1; Ro-
bert, *Épigraphie de la Moselle*, pl. I, 6 et p. 15, où l'on trouvera
d'autres indications bibliographiques.

N° 63.
Naix (Meuse). Pierre.

C. LUXEMBOURG

Nº 64.
Dalheim (Luxembourg).
Pierre.

Luxembourg. — 64. Pierre. Haut. 0ᵐ,23. Groupe
découvert à *Dalheim*, aujourd'hui au Musée de
Trèves. Epona est assise entre deux poulains.
— Hettner, *Steindenkmäler*, n° 107 (cf. *Westdeutsche Zeitschrift*, t. IV, p. 217).

D. ALLEMAGNE

Wortemberg. — 65. Pierre. Haut. 0ᵐ,68. Bas-relief découvert
en 1583 à *Beichingen*, à 7 milles au nord-ouest de Stuttgart; au
Musée de Stuttgart. Au registre supérieur, on voit Epona, tenant
une corne d'abondance, assise dans une niche entre deux groupes
de trois et quatre gros chevaux, qui semblent marcher vers elle

pour lui rendre hommage. Au-dessous, un char traîné par trois

Nº 65. — Beichingen (Wurtemberg). Pierre.

chevaux du même type, un personnage devant un autel et un

Nº 65. — Oehringen (Wurtemberg). Pierre.

autre amenant un goret pour le sacrifice. — Sattler, *Allgemeine Geschichte Würtembergs*, 1764, pl. XXII, 1, p. 229; Wagner, *Handbuch der vorzügl. in Deutschland entdeckten Alterth.*, pl. XIV, nº 134, p. 129; Sixt, *Philol. Wochenschrift*, 1895, p. 639. Moulage à Saint-Germain, nº 28248. Mon dessin est fait d'après le moulage.

66. Pierre. M. Mommsen a signalé, dans l'*Archaeologischer Anzeiger* de 1861 (p. 229), la découverte, à *Oehringen*, d'un bas-relief représentant Epona assise entre deux chevaux qui tournent la tête vers elle; ce bas-

relief, transporté au Musée de Stuttgart, a été trouvé en même
temps qu'une tête en bronze de Minerve, deux statuettes en pierre
de la même divinité, une statue de dieu local et quatre inscriptions.
Oehringen est l'ancien *Vicus Aurelius*, comme l'a établi une inscription gravée sur la base d'une des statuettes de Minerve[1]. Un
bon dessin du monument d'Epona a été publié par M. Sixt dans
les *Süddeutsche Blätter für höhere Unterrichtsanstalten*, Stuttgart,
15 décembre 1892, p. 162; il est reproduit ici d'après un exemplaire
de ce recueil peu connu que M. Sixt a bien voulu me communiquer.

Nassau. — 67. Pierre (basalte poreux). Diam. 0^m,50. Bas-relief
découvert à *Heddernheim* (camp romain).
Epona, tenant une corne d'abondance, paraît
s'appuyer sur les croupes de deux poulains.
Ce médaillon rappelle le relief de Bregenz
(n° 59) et celui d'Oehringen (n° 66). — *Annalen des Vereins für nassauische Alterthums-
kunde*, t. I (1827-1830), pl. IV, 6; *Sitzungsberichte der Wien. Akad.*, 1852, pl. I, B;

N° 67. — Heddernheim (Nassau). Pierre.

Wagner, *Handbuch*, pl. LI, n° 526; *Lexikon
der Mythol.* de Roscher, p. 1291. Mon dessin est un calque de
la gravure donnée par Habel dans les *Annalen*.

E. AUTRICHE-HONGRIE

Basse-Autriche. — 67 *bis*. Bas-relief découvert à *Petronell* (Car-
nuntum). M. R. von Schneider,
suivi par M. Lafaye, a pensé
que la femme debout qui abreuve
les deux chevaux était Epona;
mais il me paraît qu'on doit y
reconnaître plutôt la figure féminine souvent associée aux

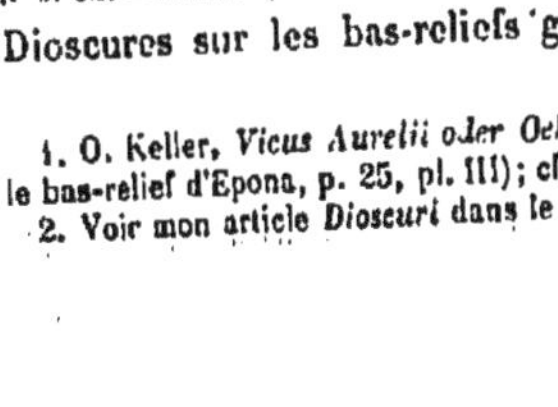

N° 67 *bis*. — Petronell (Basse-Autriche). Marbre.

Dioscures sur les bas-reliefs grecs (Hélène?)[2]. — *Arch.-epigr.*

1. O. Keller, *Vicus Aurelii oder Oehringen zur Zeit der Römer*, 1871 (avec
le bas-relief d'Epona, p. 25, pl. III); cf. *Limesblatt*, 1893, p. 76.
2. Voir mon article *Dioscuri* dans le *Dictionnaire* de M. Saglio. p. 258.

Mittheil. aus Oesterr., t. XI, p. 14; Lafaye, art. *Epona* dans le *Dictionnaire* de M. Saglio, p. 735.

N° 68. — Ofen (Hongrie). Bronze.

Hongrie. — 68. Bronze. Haut. 0^m,09. Tablette de bronze découverte près d'*Ofen* en 1855; elle appartenait en 1859 à F. Kiss, professeur d'archéologie à Budapest, et a passé depuis au musée de cette ville: M. Hampel m'en a communiqué une empreinte au papier d'étain, d'après laquelle j'ai exécuté le croquis ci-joint; il a bien voulu m'avertir que l'authenticité de l'objet lui inspire des doutes. Epona est figurée sous un édicule, assise sur un trône entre deux poulains. — Arneth, *Sitzungsb. der Wien. Akad.*, 1859, p. 582, n° 20; Häuller, *Histor. topogr. Skizze von Ofen und Pesth* (cité par Peter dans le *Lexikon* de Roscher).

Le buste en bronze du Musée de Budapest, trouvé à Mitrovitz (Slavonie), où l'on a cru reconnaître une image d'Epona, n'a rien à voir avec cette divinité: l'inscription qu'il porte, transcrite à tort **EQVEIAS**, doit se lire **EQVETAS**, c'est-à-dire *Aequitas*. Ce buste a servi de peson de balance, ce qui s'accorde parfaitement avec l'inscription.

N° 69. Adria (Italie). Pierre gravée.

— Haliczky, *Acta litteraria Mus. Hungarici*, 1818, p. 295; Cattaneo, *Equeijade, monumento antico di bronzo*, Milan, 1819; Gerhard, *Griech. Mythol.*, t. II, p. 302; *Corp. inscr. lat.*, t. III, p. 762, n° 6015, où l'on trouvera d'autres références. L'authenticité du tout a été suspectée.

F. ITALIE

Adria. — 69. Pierre gravée du Musée Bocchi à *Adria*, représentant Epona, tenant une patère et une haste, assise sur un trône entre deux poulains. — *Annali dell' Instit.*, 1863, p. 127; 1866, p. 227, tav. d'agg. K, 3; Peter, dans le *Lexikon der Mythol.*, p. 1290; Lafaye, dans le *Dictionnaire* de M. Saglio, fig. 2706.

Le P. Garrucci (*Bull. dell' Instit.*, 1866, p. 27) a signalé dans une collection particulière une pierre gravée représentant Epona assise entre deux chevaux; c'est probable-ment une réplique de la gemme d'Adria.

Milan. — 70. Pierre. Haut. 1^m,01. Bas-relief taillé dans la pierre du pays, au Musée de *Milan*. Cette sculpture très mutilée repré-sente une divinité féminine dans une niche, la main gauche levée, tenant de la main droite une patère, debout entre deux poulains. Il n'est pas certain que la déesse doive être appelée Epona, bien que l'ensemble rappelle le monument de Naix (n° 63). Une simili-gravure de ce bas-relief, d'après laquelle a été exécuté notre calque, se trouve dans

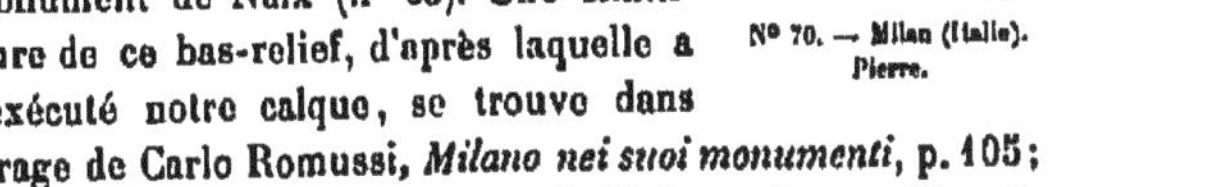

N° 70. — Milan (Italie). Pierre.

l'ouvrage de Carlo Romussi, *Milano nei suoi monumenti*, p. 105; j'en dois l'indication à l'obligeance de M. le professeur Novati. — H. Heydemann, *Mittheilungen aus den Antikensammlungen in Ober- und Mittel-Italien*, 1879, p. 32, n° 9; Dütschke, *Antike Bild-werke in Oberitalien*, t. V, n° 1001; Peter, dans le *Lexikon der Mythol.*, p. 1291, n° 9.

Naples. — 70 *bis*. Le bas-relief en terre cuite publié dans le *Bullettino napolitano* de 1854 (n° 38, pl. II, 3) et représentant une femme qui conduit un quadrige, n'a rien à voir avec Epona; c'est par une erreur manifeste qu'Arneth l'a introduit dans le petit catalogue de monuments relatifs à cette divinité qu'il a publié en 1859.

Rome. — 71. Peinture connue seulement par d'anciennes gra-vures[1], qui décorait le cirque de Maxence sur la voie Appienne. Epona est assise sur un trône entre quatre poulains, dont deux

---

1. M. Marucchi m'a dit l'avoir vainement cherchée au Vatican et ailleurs.

mangent de l'avoine étendue sur ses genoux. — Bianconi, *Descriz. dei circhi*, pl.XVI; O. Müller, *Handbuch*, § 404, 3; Reifferscheid, *Annali dell' Instit.*, 1863, p. 127; Jordan, *ibid.*, 1872,

N° 71. — Rome (Italie). Peinture.

p. 49; Peter, *ap.* Roscher, *Lexikon der Mythol.*, p. 1287; Lafaye, dans le *Dictionnaire* de M. Saglio, fig. 2705; Moreau, *Supplément de l'Album Caranda*, 1892, I, fig. 6.

72. Marbre. Haut. 0^m,60. Groupe découvert à Rome, représentant Epona assise entre deux poulains.— O. Marucchi, *Annali dell' Instit.*, 1881, p. 239, tav. d'agg. S; Peter, dans le *Lexikon der Mythol.*, p. 1290.

N° 72. — Rome (Italie). Marbre.

73. Un groupe analogue, mais plus endommagé encore, a été trouvé à Rome sur le monte Testaccio (*Annali*, 1881, p. 248).

Provenance inconnue. — 73 *bis*. Le Musée de Berlin possède une pierre gravée représentant une déesse voilée, assise sur un trône, tenant une torche et une patère; à droite et à gauche sont deux animaux, un cheval et un mulet (?). On a voulu à tort reconnaître ici Epona, alors qu'il s'agit sans doute de Déméter. — Müller-Wieseler, *Denkmäler*, t. II, pl. VIII, n° 91 *b* (où l'on trouvera

des indications bibliographiques inutiles à reproduire); Overbeck, *Demeter*, *Gemmentafel* IV, n° 10 et p. 508 ; Panofka, *Ueber
verlegene Mythen*, pl. I, 2 ; Peter, *ap.* Roscher, *Lexikon der Mythol.*, p. 1292.

III. TEXTES ET INSCRIPTIONS RELATIFS A EPONA

A. LES TEXTES

Les textes grecs et latins sur Epona sont peu nombreux et peu
explicites. Ils ne nous apprennent rien sur l'origine de son culte ;
ils ne nous disent pas si on la représentait en écuyère. Tout ce
qu'ils permettent d'affirmer, c'est qu'Epona était une divinité
très humble et que l'on voyait son image dans les écuries, accompagnée de celles des bêtes de somme qu'elle protégeait.

74. Le seul témoignage grec, et peut être aussi le plus ancien
de tous, est celui d'un certain Agésilas, autour d'un ouvrage intitulé Ἰταλικά qui comptait au moins trois livres. Un passage de
ce troisième livre est cité par le Pseudo-Plutarque (*Parall.
min.*, XXIX)[1]. Il y est dit qu'un nommé Fulvius Stellus, ennemi
des femmes, eut commerce avec une jument ; il devint père d'une
belle jeune fille qu'il appela Eponu (ou *Hippona*) et qui est la
déesse tutélaire des chevaux. On ne sait rien sur cet Agésilas,
mais parmi les autres auteurs d'Ἰταλικά que cite le Pseudo-Plutarque dans le même traité, plusieurs paraissent avoir vécu vers
le milieu du II° siècle avant J.-C., alors que nombre de Grecs
s'appliquaient à écrire sur l'histoire ancienne de l'Italie[2] : tels
sont Aristide de Milet[3], Aristoclès[4], Dercyllos d'Argos[5]. Il est
donc assez probable qu'Agésilas se place vers la même époque.

1. Cf. *Fragm. historic. graec.*, éd. Müller, t. IV, p. 292.
2. Cf. *Ibid.*, p. 305.
3. *Ibid.*, p. 320.
4. *Ibid.*, p. 329.
5. *Ibid.*, p. 387.

La légende conservée ou imaginée par lui vaut ce qu'elle vaut, mais nous ne voyons pas la moindre raison pour refuser d'en tenir compte[1], sous prétexte qu'Agésilas nous est inconnu et que le compilateur qui l'a cité n'inspire pas confiance.

75. Dans un passage célèbre de Juvénal (VIII, 154), il est question d'un consul romain, Lateranus, qui, oublieux de sa dignité, se livre à ses goûts de cocher — ce que l'on appellerait aujourd'hui des « goûts sportifs » — et, lorsqu'il fait un sacrifice sur l'autel de Jupiter suivant les rites de Numa, *ne jure que par Epona et les divinités peintes sur les parois des écuries* :

> *Solam Eponam et facies olida ad praesepia pictas.*

Le scoliaste ajoute qu'Epona est la déesse des muletiers. Il n'est nullement permis de conclure de ce passage, avec Corssen, qu'Epona fût une vieille divinité italique[2]. Peut-on dire qu'il implique, tout au contraire, l'origine étrangère d'Epona, parce que Juvénal, dans la même tirade, reproche à Lateranus ses accointances avec un Syro-Phénicien de Petra[3] et qu'il fait un crime à Néron, quelques vers plus haut, d'avoir porté la cape gauloise, le *santonicus cucullus*, dans ses expéditions de débauche nocturne? Cette seconde opinion n'aurait pour elle qu'une mince vraisemblance. Tout ce qui ressort avec évidence des vers de Juvénal, c'est qu'il trouve scandaleux, chez un grand seigneur romain, l'habitude de jurer par la déesse des palefreniers et des muletiers, dont les occupations sont aussi devenues les siennes; il ne faut pas essayer d'y voir autre chose.

76. Le héros du roman d'Apulée, se trouvant dans une écurie, aperçoit sur le pilier du milieu, qui soutient les poutres de la pièce, un édicule contenant l'image d'Epona et décoré de roses fraîches[4]. Il s'agit sans doute d'une statuette placée dans une niche, mais l'auteur ne nous apprend rien sur son attitude.

---

1. Comme le fait Peter, dans le *Lexikon* de Roscher, p. 1293.
2. Corssen, *Beitraege zur italischen Sprachkunde*. 1876, p. 131.
3. J'adopte la jolie correction de M. Froehner : *Idumaeae incola Petrae* (et non *portae*, VIII, 159). Cf. *Revue archéol.*, 1893, I, p. 57.
4. Apulée, *Métamorphoses*, III, 27.

77, 78, 79. Les trois textes suivants se réduisent, en réalité,
à un seul. Les auteurs, Minucius Felix et Tertullien, répondent
aux païens qui reprochent aux chrétiens d'adorer une tête d'âne
en leur rappelant qu'ils adorent eux-mêmes, dans leurs écuries,
des ânes et d'autres bêtes de somme, avec leur protectrice Epona.
Je transcris ces textes en regard.

Minuc. Fel., *Octav.*, XXVII, 7	Tertull., *Apol.*, XVI.	Tertull., *Ad nat.*, I, 11.
Nisi quod vos et totos asinos in stabulis cum vestra vel [sua] Epona consecratis.	*Vos tamen non negabitis et jumenta omnia et totos cantherios cum sua Epona coli a vobis.*	*Sane vos totos asinos colitis et cum sua Epona et omnia jumenta et pecora et bestias quae perinde cum suis praesepibus consecratis.*

Dans le manuscrit unique de Minucius Felix, le mot *sua*, que
nous donnons entre crochets, manque ; c'est une restitution à
peu près certaine de Rigault d'après le texte de l'*Apologie* de
Tertullien. On avait aussi proposé de lire : *cum Vesta vel Epona*,
correction qui permettrait de reconnaître Vesta dans l'écuyère
kourotrophe de l'écurie pompéienne (n° 60) ; mais la comparaison
avec les deux textes parallèles de Tertullien n'est pas favorable
à cette hypothèse.

Minucius Felix a-t-il copié Tertullien, ou faut-il admettre le
contraire? Ebert et Renan ont pensé que l'*Octavius* est antérieur
à l'*Apologie*[1]; MM. Massebieau, Boissier et la plupart des savants
contemporains croient l'*Apologie* plus ancienne[2]. La question
est pendante depuis le milieu du xvii° siècle. Il me semble que
la comparaison des trois passages transcrits ci-dessus milite en
faveur de l'opinion d'Ebert : Tertullien a l'air de *développer*.

La phrase de Minucius Felix se termine par une proposition
assez singulière, que les commentateurs ne se sont pas mis en

---

1. M. Wölfflin a conclu avec hésitation dans le même sens (*Archiv für lat.
Lexicographie*, t. VII, p. 483).

2. Voir Massebieau, *Rev. de l'Hist. des Religions*, 1887, I, p. 316; Boissier,
La fin du paganisme, t. I, p. 307. D'autres veulent que Tertullien et Minucius
aient démarqué une œuvre de polémique aujourd'hui perdue (Hartel, Wilhelm).
L'antériorité de Minucius vient, je crois, d'être démontrée par M. Schanz (*Rhein.
Mus.*, 1895, p. 114).

peine d'expliquer. Voici le texte complet : *Nisi quod vos et totos asinos in stabulis cum vestra vel [sua] Epona consecratis et eosdem asinos cum Iside religiose devotatis.* Le dernier mot est une correction, le manuscrit portant *devoratis*, leçon évidemment fautive que M. Rönsch a vainement essayé de défendre [1]. Ainsi Minucius semble établir un parallèle entre Epona et Isis, en indiquant que l'une et l'autre sont associées à l'âne Pour Isis, le fait n'est pas attesté par d'autres textes, mais nous avons déjà fait observer, à propos du n° 60 (l'écuyère de Pompei), qu'il n'est pas invraisemblable. Dans l'*Octavius*, dont la scène est à Ostie, les divinités alexandrines jouent un grand rôle [2]; la discussion religieuse qui fait l'objet du dialogue commence même à l'occasion des hommages que le païen Caecilius rend à une image de Sérapis. Il est bien possible qu'à Ostie, comme dans les villes campaniennes, le syncrétisme de l'époque impériale ait transformé Epona en Isis, d'autant plus qu'Isis était identifiée par les Grecs à Séléné [3], qui est assez souvent représentée comme écuyère [4]. Si, comme nous le pensons, Tertullien a eu sous les yeux l'opuscule de Minucius Felix, on s'explique d'ailleurs qu'il n'ait pas tiré parti de l'allusion à Isis, que ses lecteurs africains auraient pu ne pas comprendre ou qu'il ne comprenait pas lui-même.

80. Prudence cite Epona, à côté de Cluacina, parmi les divinités les plus humbles (*Apotheosis*, 197) :

> *Nemo Cloacinae aut Eponae super astra deabus*
> *Dat solium...*

On remarquera qu'ici, comme dans le passage de Juvénal cité plus haut, l'*o* d'*Epona* est bref, alors qu'il est long dans les composés latins comme *Bellona, Pomona*, etc.

81. Un auteur africain de la fin du v⁰ siècle, Fulgentius Plan-

---

1. Rönsch, *Zeitschrift für österr. Gymnasien*, 1883, p. 409. Il propose de traduire : « *Dieselben Esel mitsammt der Isis möchtet Ihr in frommeifriger Verehrung schier verschlingen!* » Rigault lisait *decoratis* et pensait qu'il s'agissait d'un âne portant les ornements du culte d'Isis.

2. Une barque du port d'Ostie s'appelle *Isis*; cf. *C. I. L.*, XIV, n°⁸ 20 et suiv.

3. Cf. le *Lexikon* de Roscher, art. *Isis*, p. 437.

4. Voir notre article de la *Revue archéologique*, 1894, 1, p. 200.

ciadès, écrit ce qui suit (*Expos. sermonum antiquorum*, XXI) :
« *Semones dici voluerunt deos, quos nec caelo dignos ascriberent
ob meriti paupertatem, sicut sunt Priapus, Epona, Vertumnus,
nec terrenos eos deputare vellent pro gratiae veneratione, sicut
Varro in mystagogorum libro ait : Semoneque inferius derelicto
deum depinnato orationis attollam eloquio.* » Là-dessus Corssen
remarque[1] : « Comme Fulgentius cite ici un écrit de Varron, et
un peu plus loin les *Pontificalia* de Varron, il faut en conclure
qu'il a emprunté à Varron l'assertion qu'Epona compte parmi les
Semones ; c'est aux écrits de Varron que Tertullien aussi doit
sa connaissance d'Epona. »

Il est impossible de raisonner plus mal. D'abord, nous sommes
à peu près certains qu'il n'était pas question d'Epona dans Varron, puisque cette divinité ne paraît pas dans les listes des dieux
inférieurs que nous ont transmises Tertullien et saint Augustin
d'après le XIV⁰ livre des *Antiquitates rerum divinarum* de Varron[2]. En second lieu, Fulgentius Planciadès cite un prétendu
passage de Varron *à propos du mot Semo*, mais il parle évidemment en son propre nom lorsqu'il énumère, parmi les *Semones*,
Priape, Epona et Vertumnus. Enfin, l'hypothèse que Tertullien
devrait sa connaissance d'Epona à Varron est tout à fait gratuite ;
le roman d'Apulée et les nombreuses inscriptions impériales que
l'on trouvera mentionnées plus loin prouvent assez que le culte
populaire d'Epona était vivant sous l'Empire et qu'on n'avait pas
besoin d'aller en exhumer le souvenir dans les écrits archéolo-
giques de Varron.

B. LES INSCRIPTIONS

En 1819, Cattaneo énumérait sept monuments épigraphiques
portant le nom d'Epona[3]. Seidl en ajouta quatre en 1844[4]. En

---

1. Corssen, *Beitraege zur ital. Sprachkunde*, p. 131.
2. Cf. Peter, art. *Indigitamenta* dans le *Lexikon* de Roscher.
3. Cattaneo, *Equcijade, monumento antico di bronzo*, Milan, 1819. Les textes
épigraphiques et littéraires relatifs à Epona avaient déjà occupé Gough en 1786
(*Archaeologia*, t. III, p. 120).
4. Seidl, *Wiener Jahrbücher*, 1844, t. CVIII, p. 78.

1859, Arneth put en signaler six autres, sans compter les monuments anépigraphes [1], ce qui faisait un total de dix-sept textes, alors qu'il n'y en avait que dix dans le recueil d'Orelli. Aujourd'hui, l'on en connaît trente-huit, sur lesquels douze sont de provenance italienne ; Orelli n'en possédait qu'un seul de cette région (n° 1793). La liste en a été dressée en dernier lieu par M. Holder dans son *Alt-keltischer Sprachschatz* (art. *Epona*) ; elle est faite avec tant de soin que je ne trouve rien à y ajouter. L'auteur a eu communication du t. XIII du *Corpus inscriptionum latinarum*, encore inédit, que je citerai seulement d'après lui. J'indique ici la distribution géographique des inscriptions et me contente d'en résumer le contenu.

A. ANGLETERRE ET ÉCOSSE

82. **Auchindavy** en Écosse, près du *vallum* d'Antonin, à l'est de Dunbarton et de l'embouchure de la Clyde. Dédicace d'un centurion de la II° légion à Mars, Minerve, les *Campestres*, Hercule, Épona, la Victoire. — *C. I. L.*, VII, n° 1114 *d*.

83. **Carvoran** (*Magnac*) en Angleterre, à l'ouest de Newcastle, près du *vallum* d'Hadrien. Sur un autel où sont représentés un *urceus*, une hache et un couteau, dédicace à la *Dea Epona*. — *C. I. L.*, VII, n° 747.

B. ESPAGNE

84. **Siguenza**, au sud-ouest de Saragosse, près de Calatayud. Ex-voto à Epona. — *C. I. L.*, II, n° 5788.

C. FRANCE

Côte-d'Or. — 85. Inscription découverte à *Thil-Chatel*, canton d'Is-sur-Tille, au nord de Dijon. Dédicace en l'honneur de la Maison Divine, à la déesse Epona, aux déesses Maires et au Génie

---

1. Arneth, *Sitzungsb. der Wien. Akad.*, 1859, p. 580 et suiv.

du lieu par un *librarius* de la légion XXII. — Lejay, *Inscrip-tions de la Côte-d'Or*, n° 275 *bis*; *C. I. L.*, XIII, n° 5622.

Meuse. — 86. Monument de *Naix* (déjà décrit sous le n° 63). Les bas-reliefs représentent Epona debout entre deux poulains et un homme personnifiant le *Genius Leucorum* (?). L'inscription est un ex-voto à la déesse Epona et au Génie des Leukes, par un bénéficiaire du légat de la légion XXII. — Voir le n° 63.

Moselle. — 87. Monument de *Metz* (déjà décrit sous le n° 23). Le bas-relief représente une écuyère ; au-dessus on ne lit que les deux noms du *dedicans*, celui de la divinité manque. — Voir le n° 23.

Rhône. — 88. Monument de *Lyon*. Dédicace, par un prêtre de Rome et d'Auguste, d'un monument élevé par l'assemblée des Trois Gaules à Epona et à Mars Segomo. — Allmer et Dissard, *Inscriptions de Lyon*, t. II, p. 188.

D. SUISSE

89. **Soleure.** — Un soldat de la XXII° légion fait une dédicace à Epona, DEAE EPONAE MA////. On peut suppléer *Matri*, *Magnae* ou *Matronae*, mais aucune de ces restitutions ne s'impose. — *C. I. L.*, XIII, n° 5170 ; Orelli, n° 402.

E. ITALIE

90. Calendrier rustique de *Guidizzolo*, entre Mantoue et Vé-rone : *XV Kalendas Januarias Eponae*. — *C. I. L.*, 1, 2° édit., p. 233 ; *Revue archéologique*, 1892, II, p. 146.

91. **Rome.** — Sur l'ordre des dieux, un nommé C. Valerius a restitué à ses frais un édicule dédié à Hercule, Epona, Silvain.

92-101. **Rome.** — Série d'inscriptions gravées sur des bases dé-couvertes au Latran, sur l'emplacement de la caserne des *equites singulares*, garde impériale qui se recrutait surtout sur le Rhin et le Danube [1]. Les auteurs de ces dédicaces sont tous des mili-taires. Elles sont adressées aux divinités suivantes, que nous

1. Voir Cagnat, *Equites singulares*, dans le *Dictionnaire* de M. Saglio, p. 790.

4

énumérons dans l'ordre où elles se présentent en faisant suivre chaque nom de deux chiffres (page et numéro d'ordre), renvoyant à l'article de Henzen dans les *Annali dell' Instituto* de 1885. Nous ne tenons compte, bien entendu, que des dédicaces où figure le nom d'Epona.

Jovi	239, 4	241, 5	244, 6	245, 7	246, 8	248, 9	252, 12	252, 13	258, 20	258, 21
Junoni	239, 4	241, 5	244, 6	245, 7	"	248, 9	252, 12	252, 13	258, 20	258, 21
Minervae	239, 4	241, 5	244, 6	245, 7	246, 8	248, 9	252, 12	252, 13	258, 20	258, 21
Marti	239, 4	241, 5	244, 6	245, 7	246, 8	248, 9	252, 12	252, 13	258, 20	258, 21
Victoriae	239, 4	241, 5	244, 6	245, 7	246, 8	248, 9	252, 12	252, 13	258, 20	258, 21
Herculi	239, 4	"	"	"	"	248, 9	252, 12	252, 13	258, 20	258, 21
Fortunae	239, 4	"	"	"	"	248, 9	252, 12	252, 13	258, 20	"
Mercurio	239, 4	241, 5	244, 6	245, 7	246, 8	248, 9	252, 12	252, 13	258, 20	258, 21
Felicitati	239, 4	241, 5	244, 6	245, 7	246, 8	248, 9	252, 12	252, 13	258, 20	258, 21
Saluti	239, 4	241, 5	244, 6	245, 7	246, 8	248, 9	252, 12	252, 13	258, 20	258, 21
Fatis	239, 4	241, 5	244, 6	245, 7	246, 8	248, 9	252, 12	252, 13	258, 20	258, 21
Campestribus	239, 4	241, 5	244, 6	245, 7	246, 8	248, 9	252, 12	252, 13	258, 20	258, 21
Silvano	239, 4	241, 5	244, 6	245, 7	246, 8	248, 9	252, 12	252, 13	258, 20	258, 21
Apollini	239, 4	241, 5	244, 6	245, 7	246, 8	248, 9	252, 12	252, 13	258, 20	258, 21
Dianae	239, 4	243, 5	244, 6	245, 7	246, 8	248, 9	252, 12	252, 13	258, 20	258, 21
Eponae	239, 4	241, 5	244, 6	245, 7	246, 8	248, 9	252, 12	252, 13	258, 20	258, 21
Matribus Suleviis[2]	239, 4	241, 5	244, 6	"	"	248, 9	252, 12	252, 13	258, 20	258, 21
Genio singularium Augusti	239, 4	241, 5	244, 6	245, 7	246, 8	248, 9	252, 12	252, 13	258, 20	258, 21
Ceteris diis immortalibus	"	"	"	"	"	248, 9	252, 12	252, 13	258, 20	"

Comme l'a déjà fait remarquer M. Mommsen[1], l'association d'Epona, sur ces dédicaces, aux *Matres Suleviae*[2], vient à l'appui de l'opinion qui cherche dans la vallée du Rhin sinon l'origine, du moins le centre du culte d'Epona à l'époque impériale. Les *Matres Suleviae* sont encore connues par un certain nombre d'inscriptions découvertes à Rome, en Dacie, en Rhétie, à Andernach, à Cologne, en Grande-Bretagne, en Belgique, en Suisse, dans la Narbonnaise[3]. Elles paraissent toujours dans des dédicaces

1. *Westdeutsche Zeitschrift, Korrespondenzblatt*, 1886, p. 125.
2. Henzen comprenait « Matribus *et* Sulevis »; je crois que M. Mommsen a eu raison d'admettre que ces deux mots désignent un seul groupe de divinités. Cf. Ihm, *Jahrb. der Alterthumsfr.*, t. LXXXIII, p. 80.
3. Ihm, *Jahrb. der Alterthumsfr. im Rheinlande*, t. LXXXIII, p. 80; d'Arbois, *Revue celtique*, 1892, p. 284.

de Barbares et peuvent être considérées avec assurance comme
celtiques, bien qu'on ait prétendu tout récemment le contraire[1].
Quant à l'étymologie du nom, elle reste obscure[2].

F. ALLEMAGNE

Bavière. — 102. *Pföring* près d'Ingoldstadt, à 20 kilomètres au
nord-nord-est d'Augsbourg. Dédicace d'une *ala singularium* aux
divinités *Campestribus et Eponae*. — *C. I. L.*, III, 5910 = 11909.

Prusse rhénane. — 103. *Andernach* sur le Rhin, au nord-ouest
de Coblence. Dédicace à Epona. — Brambach, *C. I. Rhen.*, n° 683.

— 104. *Cologne.* Autel avec dédicace à Epona. — Düntzer, *Ver-
zeichniss der röm. Alterthümer des Museums in Köln*, 1885, p. 37.

— 105. *Heinzerath* (*Vicus Belginum*, à 10 kilomètres au nord-
ouest-ouest de Trèves, sur la rive droite de la Moselle). Dédicace
des *vicani Belginates* à la déesse Epona, en l'honneur de la
Maison Divine. — Hettner, *Steindenkmäler zu Trier*, n° 105.

— 106. Même provenance. Dédicace à la déesse Epona, en
l'honneur de la Maison Divine, sur un autel dont le petit côté
porte, suivant M. Hettner, un éperon en relief. S'il n'y a pas
erreur, il faut considérer ce symbole, évidemment caractéristique
d'une écuyère, comme venant à l'appui de l'opinion qui assi-
mile les déesses équestres à Epona. — Hettner, n° 106.

G. AUTRICHE-HONGRIE.

Carinthie. — 107. Près de *Klagenfurt*. Dédicace à Hercule et
à Epona Augusta. — *C. I. L.*, III, 4784.

---

1. Keller, *Lateinische Volketymologie*, 1892. Suivant cet auteur, *Suleviae* serait
une corruption populaire de *Silviae*, par analogie avec *sublevare*. A quoi M. d'Arbois de Jubainville a justement répondu (*Revue celt.*, 1892, p. 284) : « On a jusqu'ici relevé neuf exemples de ce nom divin dans les pays celtiques. Sans doute,
Rome nous en offre autant ; mais en conclure que le nom est latin serait aussi
rationnel que si l'on disait qu'*Arduinna* est une forêt des environs de Rome et
Camulus un dieu romain, parce qu'il se trouve à Rome une dédicace à la déesse
Arduinna et au dieu *Camulus*, par un Rémois, soldat en garnison dans la
capitale de l'empire. »
2. Ibm, *loc. laud.*, p. 80 et suiv.

CARINTHIE. — 108, 109. Près de *Klagenfurt*. Deux dédicaces mutilées à Epona. — *C. I. L.*, III, 4777.

— 110. Dédicace à Epona Augusta, provenant d'une localité non précisée du Norique. — *C. I. L.*, III, 4776.

Dalmatie. — 111. *Salone* près de Spalato. Dédicace à Jupiter, Epona et Mars Camulus. — *C. I. L.*, III, 8671.

Hongrie. — 112. *Waitzen*, sur le Danube, à 40 kilomètres au nord de Budapest. Dédicace d'un cavalier de la II° légion à Epona Augusta. — *C. I. L.*, III, 3420.

Styrie. — 113. *Cilli*, à 90 kilomètres au sud de Gratz. Dédicace à Epona Augusta. — *C. I. L.*, III, 5176.

— 114. Au même endroit. Dédicace à Jupiter, à Epona et à la divinité topique *Celeia sancta*. — *C. I. L.*, III, 5192.

— 115. *Wiedennu* près Marbourg, au nord de Gratz. Dédicace à Epona Augusta. — *C. I. L.*, III, 5312.

Transylvanie. — 116. *Alsó-Ilosva*, à 40 kilomètres au nord-nord-est de Klausenburg, localité où se trouvait une garnison romaine. Dédicace à Epona par le préfet de cavalerie d'une *aile* de Tongriens. — *C. I. L.*, III, 788.

117. *Karlsburg*, à 60 kilomètres au nord de Klausenburg. Dédicace d'un légat propréteur, *Eponae reginae sanctae*. — *C. I. L.*, III, 7750.

118. *Varhély*, au sud-ouest de la Transylvanie. Dédicace d'un centurion de la IV° légion, *exercitator equitum singularium*, aux Eponae et aux Campestres, *Eponab(us) et Campestrib(us)*. C'est le seul texte où il soit question de plusieurs divinités du nom d'Epona, formant un groupe comme les *Campestres* et les *Suleviae*. — *C. I. L.*, III, 7904; Villefosse, *Bulletin de la Société des Antiquaires*, 1891, p. 86.

H. SERBIE

119. On signale une inscription *Epone* gravée au fond d'une patère d'argent faisant partie d'un trésor découvert au mont *Rudnik*, dont l'emplacement exact m'est inconnu. — *C. I. L.*, III, 6332 a.

Sur ces trente-huit inscriptions, il y en a vingt, c'est-à-dire
plus de la moitié, qui émanent certainement de soldats. Epona est
associée 13 fois à Mars, 1 fois à Mars Camulus (111), 1 fois à
Mars Segomo (88), 8 fois à Hercule (91, 92, 97-101, 107),
11 fois à Silvain (91, 92-101), 13 fois aux *Campestres* (82, 92-101,

Distribution des monuments relatifs à Epona.

102, 118), 8 fois aux *Suleviae* (92, 93, 94, 97-101), 11 fois à un
génie local (85, 86, 92-99, 101), 1 fois à la divinité indigène
Celeia sancta (114). Elle est qualifiée cinq fois d'*Augusta* (107,
110, 112, 113, 115)[1] et une fois de *regina sancta* (117). Enfin,

1. Je crois qu'*Epona Augusta* est Epona assimilée à l'impératrice régnante.
Epona est représentée, sous les traits d'une impératrice, dans le beau groupe
de Loisia (n° 15).

une fois seulement, il est question des *Eponae* au pluriel (118).

La *géographie* de ces inscriptions peut induire en erreur, car, pour ne citer qu'un exemple, la présence à Rome de cavaliers germains ou bataves explique qu'on y ait rencontré beaucoup de dédicaces à Epona, alors qu'on se tromperait si l'on voulait en conclure que le culte de cette déesse fût *romain*[1]. Cette réserve faite, nous croyons devoir donner une carte d'ensemble, où toutes les localités où l'on a découvert des monuments d'Epona, plastiques ou épigraphiques, sont mises en évidence par un point. On comparera cette carte à celle des *Eponae* équestres que nous avons donnée à la fin du chapitre 1er de cette étude. Il en résulte ce fait curieux, que les inscriptions au nom d'Epona sont très rares en Gaule (complètement inconnues dans la Narbonnaise, l'Aquitaine, l'Armorique), et fréquentes seulement sur le moyen Rhin et dans la vallée du Danube, alors que les monuments figurés représentant Epona comme écuyère font défaut sur le Danube et que les autres monuments de cette déesse y sont également très rares. En Italie, c'est au nord du Pô que paraissent les seules traces certaines de ce culte qui ne soient pas dues à une importation accidentelle. Cette remarque est d'une singulière conséquence pour les conclusions qu'il nous reste à présenter.

IV

Il serait inutile de résumer les opinions émises par les savants modernes sur les monuments anépigraphes que nous rapportons à Epona et les inscriptions où elle est mentionnée, d'autant plus que tous ces auteurs, sans en excepter les plus récents, n'ont eu à leur disposition que des matériaux incomplets et défectueux. Deux thèses seulement, que nous croyons fausses, méritent d'être examinées ici. Suivant la première, soutenue par Becker, Lin-

---

1. Voir plus haut l'observation de M. d'Arbois de Jubainville, à propos des nᵒˢ 92-101.

denschmit et Peter, les figures équestres n'auraient rien de
commun avec Epona; suivant la seconde, qui a pour elle la haute
autorité de Corssen, Epona ne serait pas une divinité celtique,
mais appartiendrait au vieux fonds religieux de l'Italie.

Personne n'a contesté, surtout depuis la découverte du monument de Naix (n° 63), que la divinité représentée entre deux ou
plusieurs chevaux ne fût Epona. Mais on a prétendu que cette
désignation ne devait pas s'appliquer aux figures équestres dont
les croquis sont réunis au début de ce travail.

Becker est frappé du « caractère matronal » des figures équestres
et les appelle *reitende Matronen*[1]. Ces matrones écuyères ne sont
pas inconnues à la mythologie germanique du moyen âge : ce sont
les *Nachts-oder Pferdemähren*, divinités malfaisantes qui entor-
tillent la crinière des chevaux et les fatiguent pendant la nuit
dans des courses folles (*mairae nocturnae*, d'où, suivant Grimm,
l'anglais *night-mare*, signifiant cauchemar). Aux Pays-Bas, la
légende populaire montre la *Schwarze Grete* sur un cheval blanc,
accompagnée de deux esprits tout de blanc habillés. Elle est
identique à la *Schwarze Hel*, personnification du monde infernal,
qui, en temps de peste, chevauche à travers le monde. Pour
Lindenschmit[2], l'écuyère gallo-romaine est la *nordische Diana*,
paganorum dea, identique à *Abundia* (*Abundantia*), que la mythologie germanique figure comme parcourant le monde à cheval
et y répandant ses dons. Il est bien difficile de deviner, à travers
l'obscure phraséologie de Lindenschmit, en quoi sa manière de
voir diffère de celle de Becker. En tous cas, pour Becker comme
pour lui, comme aussi pour Peter qui s'est rangé à leur senti-
ment[3], les écuyères n'ont rien de commun avec Epona : bienfai-
santes ou malfaisantes, ce sont des *fées*.

Un des rares savants allemands qui aient protesté contre le
parti-pris de Becker, M. Ihm[4], s'exprime ainsi : « Becker a affirmé

1. *Jahrb. der Alterthumsfr. im Rheinlande*, t. XXVI (1858), p. 91.
2. Lindenschmit, *Alterthümer*, t. II, I, 6, texte.
3. Art. *Epona* dans le *Lexikon der Mythologie* de Roscher.
4. Ihm, *Jahrbücher der Alterthumsfr. im Rheinlande*, t. LXXXIII (1887), p.55.

que les figures équestres sont des matrones, mais il ne l'a pas
prouvé. Il faut d'autant plus regretter que son hypothèse ait
trouvé tant d'adhérents. Car il n'y a vraiment aucun fond à faire
sur les analogies que présentent la coiffure et le vêtement. En
outre, les attributs des divinités équestres font, en partie, complètement défaut aux Matrones. »

A mon avis, pour écarter l'opinion de Becker, il suffit de deux
observations. La première, c'est que les fées de la légende *par-
courent* le monde : on devrait les trouver figurées soit au galop,
soit du moins à une allure rapide. Or, nous avons vu que, parmi
les soixante figures d'écuyères, il n'en est guère qu'une seule
(n° 17) qui soit représentée au galop, alors que plusieurs montent
une jument qui allaite son poulain. Ces derniers monuments
prouvent sans réplique qu'il s'agit bien d'une déesse protectrice
des chevaux.

La seconde observation part du bas-relief de Bregenz (n° 59).
La déesse y est représentée à cheval, entre quatre chevaux qui
se pressent autour d'elle. Il y a là, répétons-le, comme un trait
d'union entre les figures équestres et celles de notre seconde
série, où Epona est environnée de chevaux. Si le nom de la
déesse figurait sur le bas-relief à Bregenz, la désignation d'E-
pona, que nous adoptons sans hésiter pour elle, ne pourrait pas
être plus certaine qu'elle ne l'est.

Il suffit presque de signaler, sans la réfuter, la singulière
théorie émise en 1887 par M. Christ[1]. Suivant ce savant, Rosmerta est la parèdre de Mercure, Mercure est le dieu du négoce et
les Matrones écuyères sont le symbole des affaires du marché.
Il pense que *Rosmerta*, à l'origine, signifiait « la terre mère »,
mais que, par suite de l'analogie du nom avec *hross* (cheval), on
l'a représentée chevauchant. L'idée que les écuyères gallo-romaines sont de « bonnes femmes allant au marché » pouvait,
à la rigueur, se soutenir en 1853, époque à laquelle G. Boulangé
l'exposait dans *L'Austrasie*[2] ; elle ne résiste pas, aujourd'hui, à

---

1. Christ, *Jahrb. der Alterthumsfr. im Rheinl.*, t. LXXXIV (1887), p. 247.
2. G. Boulangé, *L'Austrasie*, Revue de Metz, t. XII (1853), p. 619. Il se

un examen même superficiel de l'ensemble des monuments que
nous possédons.

Passons à l'hypothèse de Corssen, que ce savant a résumée
lui-même comme il suit[1] :

« Epona est positivement désignée comme une divinité italique
et romaine : 1° par le caractère essentiellement romain de son
culte : *more Numae*; 2° par la légende indigène qui fait d'elle la
fille de Fulvius Stellus et d'une jument; 3° par les indications de
Fulgentius et de Tertullien, empruntées à Varron et attestant
qu'Epona est une des divinités romaines d'ordre inférieur. »

L'argumentation de Corssen, présentée avec une singulière
assurance, ne repose que sur des erreurs ou des sophismes.
1° Nous avons déjà vu (75) que les vers de Juvénal, où il est
question d'un sacrifice *more Numae* offert par un consul qui jure
par Epona, prouve, à qui veut l'entendre, qu'Epona et le rituel de
Numa n'avaient rien de commun; 2° la légende prétendue indigène sur la naissance d'Epona (74) est attestée par un auteur qui
peut avoir vécu au ii° siècle avant J.-C.; elle prouve seulement
qu'à cette époque quelques *Graeculi*, écrivant sur des questions
italiennes, s'étaient posé la question : De qui la déesse des chevaux était-elle fille? Une réponse n'était pas difficile à imaginer;
3° Fulgence et Tertullien n'ont pas emprunté à Varron ce qu'ils
disent d'Epona (voir plus haut, 77, 81). Varron avait nommé
Bubona, la déesse des bœufs, mais non *Epona*, bien que le culte
de cette dernière existât certainement déjà en Italie à son époque.
Mais *Bubona* seule était une vieille divinité latine et Varron,
dans ses *Antiquités religieuses*, n'avait à s'occuper que d'elle[2].
Si Corssen avait raison, on ne trouverait pas seulement Epona
en Gaule, mais Bubona; or, il n'existe pas une seule inscription
au nom de cette divinité et je ne connais qu'une seule figurine de
terre cuite (n° 3 *bis*) qui puisse être désignée par son nom.

demande si ces petits monuments ne « pouvaient servir d'enseignes aux auberges
gallo-romaines. »
1. Corssen, *Beitraege zur italischen Sprachkunde*, 1876, p. 132.
2. Augustin., *Civ. Dei*, IV, 24.

Dans le nom même d'Epona, deux caractères trahissent une
origine exotique. Le premier est le *p* : les Latins auraient dit
Equona, là où les Ombriens et les Celtes devaient dire *Epona*.
Le second est la quantité de l'*o*, qui est bref, comme on l'a vu
par les vers cités de Juvénal (75) et de Prudence (80), tandis que
dans *Bellona*, *Pomona*, etc., qui sont des divinités latines, l'*o* est
long. Or, précisément, en gaulois, nous savons que l'*o* du suffixe
-*ona* était bref :

> *Matrona non, Gallos Belgasque intersita fines*
> (Ausone, *Mos.*, 462).
> *Divona Celtarum lingua, fons addite divis*
> (Ausone, *Clar. Urb.*, xiv, 32).

Voilà des arguments très précis[1]. Que répond Corssen? Il existait, dit-il, dans les langues italiques, une forme *epo-* à côté
d'*equo-*, à laquelle se rattachent les noms propres *Epius*, *Eppius*,
Epidius, *Eppilius* et que l'on trouve même en étrusque : *Epia*,
Epnes, *Epnei*[2]. Mais ces noms ne prouvent rien, car nous ne savons pas s'ils étaient d'origine latine : ils peuvent être ombriens
ou osques, ou encore ne pas dériver de la racine *epo-* signifiant
« cheval ». Corssen allègue encore les formes *coquina* et *popina*,
columba et *palumbes*; mais *popina* et *palumbes* sont probablement des mots osques, que le latin a simplement empruntés[3].

L'objection tirée de la quantité n'embarrasse pas davantage
Corssen, qui considère Juvénal et, *a fortiori*, Prudence, comme
très capables d'avoir abrégé une syllabe longue pour la commodité
du vers. Düntzer, en 1842, avait attribué dubitativement la briè-
veté de l'*o* dans *Epona* à l'influence de l'accent, mais il ajoutait
que ce mot, comme la divinité, était probablement d'origine
osque[4].

Ce qui est, en effet, parfaitement admissible, c'est qu'Epona
a pu être osque ou ombrienne avant d'être naturalisée latine;

---

1. Ils ont été allégués par Zeuss, Pictet, Schleicher, Fick, etc., dont on
rouvera les témoignages indiqués dans l'ouvrage cité de Corssen.
2. Corssen, *op. laud.*, p. 127 et *Sprache der Etrusker*, t. II, p. 38, 560.
3. Bréal et Bailly, *Dictionnaire étymologique latin*, p. 48.
4. *Jahrb. der Alterthumsfr. im Rheinlande*, t. I (1842), p. 00.

mais elle était bien d'origine celtique, et les statistiques de monuments que nous avons publiées plus haut prouvent qu'elle est toujours restée plus celtique que latine[1].

Corssen insiste sur le fait que le nom d'Epona s'est rencontré, en épigraphie, là où il y avait des soldats ou des garnisons romaines; mais il paraît ignorer que ces garnisons étaient recrutées en grande partie dans les provinces et que la cavalerie, notamment, comprenait surtout des soldats non italiens. Du reste, s'il avait pu connaître les inscriptions des *equites singulares*, découvertes à Rome en 1885 (n°ˢ 91-102), il n'aurait probablement pas maintenu son opinion, sans quoi il lui eût fallu ajouter que les *Campestres* et les *Suleviae* étaient également des divinités romaines.

La dernière observation de Corssen est bien puérile[2]. Il croit impossible, en principe, que les Romains aient adopté des divinités gauloises : « Aucun peuple moral et pieux, comme l'étaient les anciens Romains, n'emprunte à un ennemi grossier et barbare, qui a brûlé ses maisons et ses temples, le culte de ses divinités. » Ceci impliquerait l'assertion qu'Epona est devenue romaine vers l'époque de la bataille de l'Allia, ce qui est très invraisemblable, et exclurait l'hypothèse, beaucoup plus digne d'attention, suivant laquelle Epona n'a pas été transmise directement par les Celtes aux Romains.

Jordan a supposé[3] que le culte d'Epona s'est répandu en Italie lors des guerres d'Annibal, à la faveur des contingents gaulois de son armée. Il n'y a rien de moins croyable que cela. Les divinités ne s'introduisent pas par la guerre, mais par les relations pacifiques : c'est à la faveur de la *pax romana*, établie à la suite de conquête de César et de la pacification d'Auguste, que le panthéon latin a reçu droit de cité en Gaule. Les plus anciens témoignages du culte d'Epona en Italie (70, 90) ont été recueillis dans

1. On voit aussi qu'il ne reste rien de ces assertions de Corssen (p. 129) : *Wo diese Göttin bezeugt ist, bei den Römern, da soll sie nicht einheimisch sein und wo sie nicht bezeugt ist, bei den Galliern* (!), *da soll sie auszuholen sein.*
2. Corssen, *op. laud.*, p. 130, 131.
3. *Annali dell' Instit.*, 1872, p. 54.

une région longtemps celtique, au nord du Pô. C'est là que vivaient ces Gaulois, grands éleveurs de bétail, dont parle Varron dans le *De re rustica* (II, 10, 4) : *Galli appositissimi, maxime ad jumenta.* Le latin a emprunté au gaulois plusieurs termes de la profession de roulier, tels que *petorritum* et *raeda*; Plaute parle déjà des chevaux hongres de Gaule, qui se vendaient à très bas prix[1]. C'est par les Gaulois qui soignaient les chevaux et qui les vendaient, maquignons, palefreniers, voituriers, que le culte d'Epona s'est introduit en Italie; mais, au sud du Pô, nous n'avons pas la moindre trace d'un culte *indigène* de cette déesse; nous n'en trouvons que des vestiges dus à l'immigration de soldats venus des Gaules. Quant à la date de l'apparition du culte d'Epona au sud des Alpes, il est inutile de chercher à la préciser, parce que les documents nous font entièrement défaut. Tout ce qu'on peut dire, dans l'état actuel de nos connaissances, c'est qu'à l'époque impériale le centre du culte d'Epona n'était certainement pas dans la Cisalpine, mais sur la Haute-Saône, la Moselle et le Rhin moyen. Cela n'est pas une hypothèse. mais ressort avec évidence des cartes que nous avons publiées.

Nous pourrions encore compléter cette étude en dressant la liste des localités dont le nom rappelle celui d'Epona, telles qu'*Eppenich* (près d'Aix-la-Chapelle) et *Appoigny* (Yonne)[2]; mais la forme gallo-romaine, *Eponiacum*, n'atteste pas nécessairement l'existence d'un sanctuaire d'Epona; on peut la rattacher à un nom celtique dont nous connaissons le diminutif *Eponina*, l'épouse héroïque de Julius Sabinus. Nous nous en tiendrons donc, pour rester sur un terrain solide, à la géographie des monuments et des inscriptions d'Epona, persuadés d'ailleurs que ces documents sont assez nombreux et explicites pour que des découvertes ultérieures ne puissent modifier, dans ce qu'elles ont d'essentiel, les conclusions de notre travail.

1. *Sient viliores gallicis cantheriis* (Plaute, *Aulul.*, III, 5, 24).
2. Le nom d'*Epône*, en Seine-et-Oise, n'a rien de commun avec *Epona*, qui aurait pu seulement donner *Epne*.

ADDITION. — Grâce à l'obligeance de M. Changarnier, conservateur du Musée de Beaune (Côte-d'Or), le Musée de Saint-Germain possède aujourd'hui un moulage de notre n° 7 (l'*Epona* de Meursault), qui n'était encore connu que par la mauvaise gravure de Bigarne. L'étude de ce moulage prouve que le nimbe est contemporain du reste de la sculpture et ne saurait donc être attribué à quelque dévot du moyen âge ; il en est sans doute de même pour le n° 28. Mais la nature de cet ornement est assez difficile à préciser. Dans le bas-relief de Meursault, il présente l'aspect d'un morceau d'étoffe circulaire, sur lequel se détache la tête ; il n'y a toutefois aucun lien apparent entre cette pièce et le reste du vêtement de la déesse, de sorte que l'on peut hésiter à y reconnaître une partie du costume plutôt qu'un symbole. La même difficulté a été soulevée au sujet de bon nombre de sculptures païennes dont la tête paraît ornée d'un nimbe ; il en est souvent question dans le mémoire célèbre de Stephani, *Nimbus und Strahlenkranz in den Werken der alten Kunst*, publié en 1859 dans les *Mémoires de l'Académie de Saint-Pétersbourg* (vi° série, t. IX). Mais Stephani veut parfois reconnaître des nimbes là où les archéologues cherchent aujourd'hui une autre explication. Ainsi (p. 76 du tirage à part) il dit que les matrones, dans les bas-reliefs de la région du Rhin, sont souvent figurées avec le nimbe, et il allègue à ce propos les monuments publiés dans les *Jahrbücher der Alterthumsfreunde im Rheinlande*, t. XII, pl. 1-3 ; t. XX, pl. 1, 3. M. Ihm, étudiant de nos jours les mêmes bas-reliefs (*Jahrbücher*, t. LXXXIII, p. 39), considère les prétendus nimbes comme des espèces de bonnets, *grosse runde wulstartige Hauben*. Le fait que des divinités païennes ont été figurées avec le nimbe est hors de doute, mais il reste encore beaucoup à faire pour déterminer l'origine de ce symbole et le distinguer de certaines particularités de costume ou de coiffure qui peuvent aisément en suggérer l'idée. Le travail de Stephani devrait être repris et accompagné des illustrations qui lui font défaut.

S. R.

ANGERS, IMP. ORIENTALE DE A. BURDIN ET C°.

9 782019 220235